KB044712

아버지,
그 이름이
사라졌 다

신
광
옥

아버지,
그 이름이
사라 졌 다

누군가 아버지에 대한 이야기를 하라고 한다면 딱히 할 말이 없다. 특히 베이비부머 기억에 아버지에 대한 기억은 자식에게 무심하거나 아니면 일방적으로 강압적이었던가. 물론 드물게 자식들에게 좋은 이미지로 남아있는 아버지도 있지만 대부분 아버지의 기억은 명쾌하지 않다. 하지만 그에 반해 어머니에 대한 기억은 수많은 이야기를 통해 혹은 소설이나 영화나 연극으로 재연될 만큼 자식의 기억에 남아있다.

이처럼 전통적으로 가부장적인 아버지에 대한 인식과 20세기에 불어닥친 페미니즘의 여파로 아버지라는 이미지는 사라져 버렸다. 이제 아버지는 더 이상 집안의 가장의 위치가 아니라 반려견 밑으로 내려갔단다. 역사 이래로 가족 위에 군림해 왔던 위치에서 단 1세기 만에 바닥으로 떨어졌다. 그래서 살림하는 아버지, 자식을 가슴에 안고 장을 보는 아버지, 자식과 시도 때도 없이 놀아주는 아버지, 자식이 원치 않는 것은 강압적으로 강요하지 않는 아버지, 더하여 자식이 대접을 받으려면 아버지가 먼저 자식을 상전의 자리에 올려 놓으라고 한다. 하지만 이런 인식들이 과연 바른 가르침인지 알 수 없다.

성경에서 아버지라는 존재에 대한 수많은 예화가 나온다. 아브라함과 같은 아버지가 있고 야곱과 같은 아버지가 있고, 노아와 같은 아버지가 있다. 이들을 통해 알 수 있는 것은 아버지가 자식을 향해 축복과 저주의 권한을 가지고 있다는 것이다. 인간의 구원과 심판인 하나님의 권한을 세상의 아버지가 자식에게 행사할 수 있다는 것이리라. 그러나 세상에 아버지는 하나님처럼 공명정대하게 하지 못한다지만 그 권한 자체가 없어진 것은 아니다.

결국 이 시대에 사라진 아버지의 이미지를 과거에서 찾을 수밖에 없다. 성경에 나오는 수많은 예화 중에 '탕자의 귀향'이 가장 많이 회자되어 책이나 그림으로도 유명하다. 17세기 화가 렘브란트_{Rembrandt van Rijn}는 당시 명성을 얻고 부와 명예를 누리면서 탕자처럼 살다가 모든 것을 잃고 비참해진 말년에 「탕자의 귀향」을 그렸다. 그리고 그 그림에 감동한 신학자 헨리 나우웬_{Henri J. M. Nouwen}은 「탕자의 귀향」이라는 책을 썼다.

그림에는 작은아들을 끌어안은 아버지와 그것을 못마땅하게 바라보는 큰아들의 모습이 그려져 있다. 죽어서 받는 유산을 미리 받아 집을 떠난 작은아들은 그 재산을 흥청망청 쓰고 결국 빈털터리가 되어 돌아왔다. 아버지는 그런 작은아들을 껴안으며 환대한다. 하지만 그 꼴을 본 큰아들은 아버지를 원망한다. 자신은 오로지 아버지에게 순종하며 원칙대로 살았는데 자신을 그만큼 사랑해 주지 않았다고.

이 이야기를 들으면서 과연 아버지에게 아들은 어떤 존재이고, 아들에게 아버지는 어떤 존재일까? 헨리 나우웬은 다음과 같은 말을 한다. 자식의 입장인 우리 마음에는 작은아들과 같은 마음과 큰아들과 같은 마음이 동시에 있다고 한다. 아버지가 죽기 전에 아버지가 가진 것을 받아서 누리고 싶은 마음과 아니면 아버지의 재산을 바라보며 순종하며 소극적으로 인생을 살고 싶은 마음.

그러나 베이비부머. 아버지의 성향에 따라 자기 삶이 결정되었던 자식의 위치에서 어느새 자식의 인생에 영향을 미치는 아버지가 되었다. 그런데 대부분의 베이비부머는 아버지에 대한 기억이 없다. 그 어느 세대보다 자식에게 해준 것이 없는 아버지였기 때문이다. 그 이유는 그들은 일제 강점기에 태어나 유년의 시절을 보내고 청장년기에는 3년이라는 동족 간의 전쟁까지 겪었기 때문이었다. 다시 말하면 단군 이래 최악의 시대에서 살아남은 세대로 오로지 폐허의 땅에서 자식을 낳고 키워낸 아버지였다. 그러니 식솔들 밥이나 굶기지 않으면 된다는 생각으로 살아온 세대다. 그래서 베이비부머는 아버지에 대한 기억이 둘로 나뉜다. 놀부 아버지처럼 가부장적이거나 아니면 무능한 흥부 아버지거나….

당연히 그런 아버지로부터 바른 교육을 받지는 못했지만, 베이비부머는 단군 이래 최대 성장을 이끈 세대다. 1980년대 전후로 세력 확장을 해나가는 기업에 편승하여 고군분투한 세대로 오로지 일에 몰두한 세대다. 그러니 가정을 돌볼 여지가 없었다. 새벽에 출근하여 밤늦게까지 근무하는 것은 다반사이고 야근도 마다하지 않았다. 더하여 해외로 나가는 기업이 늘면서 해외 출장이나 해외 지사 근무를 위해 언어도 익숙하지 않은 낯선 땅으로 가기도 하면서…. 그저 그 세대를 한마디로 표현한다면 죽기 살기로 일만 했다. 이유는 단 하나 아버지처럼 살지 않기 위해서였다.

그리고 내 자식만큼은 돈이 없어 배우지 못한 자기 한풀이로 자식 교육에 돈을 쏟아부었다. 한글도 익히기 전에 동화 전집을 사주고, 분수에 맞지 않는 사교육에 매진하고, 심지어 콧물도 마르지 않은 어린 자식을 해외 유학까지 보낸다며 기꺼이 가족이 분리되는 기러기 가족까지 감수하며 숨 가쁘게 달려왔다. 그런데 그런 아버지에게 해 준 게 없다는 자식들…. 이제 와 생각해 보니 물질의 풍요는 주었지만 정신적인 가치관을 심어주지 못한 것이리라.

그러니 결국 베이비부머의 자식 세대도 바른 아버지 가치관을 배우지 못했다는 것이다. MZ세대는 베이비부머의 자식 세대다. 비록 그들이 부모보다 많이 배우고 풍요로운 환경에서 자랐다지만 오히려 부모에 대한 열등감을 가진 세대다. 결코 아버지보다 더 나은 삶을 살 수 없다는 것을 알기 때문이다. 이유는 아버지는 무엇이든 하면 되는 세상을 살았고 MZ세대는 해도 안 되는 세상을 살고 있기 때문이다. 그럼에도 자신보다 나은 삶을 살게 하려고 가르쳤다고 소리치는 아버지의 기대감에 분노하면서도 그런 아버지를 결코 떠나지 못하는 자식이다. 어쩌면 베이비부머는 무언가를 해 보겠다고 집을 나가는 자식이었고, MZ세대는 비굴하게 아버지 곁에 붙어있으려는 자식이 된 것은 아닐지.

하지만 누구의 탓도 아니다. 그저 시대 운이 따르지 않을 뿐이다. 빈곤과 풍요가 반복되면서 2차대전을 전후로 전쟁을 겪은 세대가 가장 약하지만 그 후손이 가장 강하게 성장하고 풍요 속에 키워진 3세대가 다시 약해졌다는 것이 세계적인 추세다. 결국 인간은 위기에서 강해지고, 풍요 속에서 약해지는 속성은 이미 역사에서 보아왔지만 결코 믿지 않을 만큼 세계 경제가 역사 이래로 가장 풍요로웠다. 그래서 인간은 더욱 자신감을 가졌는지도 모르지만 다시 세상이 위기에 접어들고 있다.

경제적인 성장과 과학의 발달로 유토피아를 부르짖으며 모든 나라가

대문을 활짝 열고 함께 손잡고 가자고 할 즈음 느닷없이 출연한 코로나 바이러스. 이 정체불명의 바이러스로 인해 순식간에 온 세상은 얼어붙고 그렇게 총성 없는 전쟁을 치른 지 3년이 지나더니 이번에는 다시 전쟁의 기운이 지구촌을 위협한다.

세상은 결코 인간의 계획대로 가지 않는다는 것을 알면서도 세상에 기대를 걸었다. 또한 아버지가 되고 보니 세상에 자식만큼은 내 뜻대로 안 된다는 것을 비로소 실감하게 된 것이다. 이렇게 불안정한 세계 질서에 더하여 약해진 자식을 바라보며 헨리 나우웬은 그동안 품었던 두 아들의 마음을 버리고 두 아들을 품어야 하는 아버지의 마음으로 살라고 한다. 자식을 향한 아버지 마음을 「탕자의 귀향」을 통해 깊이 숙고할 때가 아닐지.

그래서 나름 아버지라는 주제로 글을 써 보려 한다. 특히 아들에게 바른 아버지상을 심어주지 못해 갈등하는 현실에서 엄마들이 치고 나가지만 오히려 잘못된 방향으로 가는 것이 아닐지.

내가 아들 편을 드는 글을 쓰면 딸은 아들도 없으면서 왜 아들 편을 드느냐며 핀잔을 준다. 그러면 나는 대답을 한다. 괜찮은 아들이 없어 남자와 경쟁해서 키운 딸이 점점 더 힘들어진다고.

최근에 미국 칼럼에 나온 이야기다. 로즈메리는 방년 32세의 미모의 여성이다. 그녀는 IVY 리그를 졸업한 수재다. 그녀는 졸업 후 수십만 달러의 연봉을 받으며 일을 하고 고급 아파트에 값비싼 승용차를 몰고 다니며 싱글의 삶을 만끽한다. 그러던 어느 날 그녀는 한 호텔에 투숙하다 스스로 목숨을 끊으며 그 이유를 남겼다.

'I am so tired of clapping with one hand'

   한손으로 손뼉을 치는 것에 지쳤다는 그녀는 자기 마음을 아는 그 단한 사람이 없어 결국 그런 선택을 하고 만 것이다.

   여자는 자기 성공보다는 관계 지향적인 삶을 원하는 본성이 있기 때문이다. 아버지 같은 마음으로 따뜻하게 품어주는 배우자를 찾지 못해 결국 아들도 딸도 죽게 생긴 것은 아닐지….

2024년 6월

신광옥

차 례

6부   **게임의 룰**

1부

엄마는

아들을

너무 모른다

- 밖에서는 나약한 아들 VS 집에서는 폭군인 아들 -

예전에 엄마들은 아들을 또래 친구들과 어울려 놀게 하면서 스스로 씩씩하게 자라도록 했다.

그러나 지금은 상황이 바뀌어 어린 시절부터 경쟁에 뛰어들어 헤치고 나가도록 엄격히 관리하는 세상이다. 특히 고등교육을 받은 엄마가 아들을 밀착 관리하다 보니 엄마 말을 잘 듣는 얌전한 아이가 '바람직한 아들'의 이미지로 자리를 잡게 되었다.

하지만 엄마에 의해 제약을 받고 자란 아들은 '두 얼굴의 아들'이 되는 경향이 있다. 이런 아들은 밖에서는 나약한 얼굴이지만 집에 들어오면 폭군의 얼굴이 되어 횡포를 부린다. 다시 말하면 바깥 남자의 세계에서는 경쟁에 두려워 기를 펴지 못하면서 집에 들어와서는 아들 사랑에 쩔쩔매는 엄마에게 분풀이하는 것이다. 결국, 남아의 특성에 대한 충분한 이해 없이 엄마인 여자의 방식으로 아들이 키워질 경우 아들을 나약한 패배자로 내모는 비극을 초래한다.

아들은 성장해 갈수록 더욱 복잡한 환경, 다양한 사람들을 만나면서 살아가게 된다. 어려서부터 제대로 된 사회성과 독립성을 길러주지 않으면 치열한 경쟁을 딛고 일어서기 어렵다. 그러니 아들을 키우는 엄마는 여자의 감성인 애정 표현이나 소통의 방식은 전혀 통하지 않는다는 것을 알아야 한다. 당연히 아들의 방식을 먼저 이해해야 한다.

- 창량, 위안샤오메이 『엄마는 아들을 너무 모른다』

<u>1</u>
여자의 적은 여자

사례 1

국립병원에서 내과 전문의로 있었던 친구가 있다. 여자 의사가 희귀했던 1970년대에 의과대학에 입학, 졸업하고 내과 전문의가 되었다. 성차별이 심했던 1970년대에 남자와 어깨를 나란히 하고 의과대학을 다니고 이후로 전문의로 한길만 걸으며 사람들의 존경만 받고 살았다. 누가 봐도 성공한 인생을 산 것 같은데 그녀는 우울하다고 한다.

이유는 두 아들이 장성하여 30대를 훌쩍 넘겼는데 변변한 직장도 없고 결혼 계획도 없이 늙어가는 어미 품을 떠나지 못하고 있단다. 정년을 채우고 일을 그만두었지만 100세 시대에 앞으로 살날이 늘어나고 모아둔 돈도 없는데 아침에 눈을 뜨면 몸마저 아프다고 한다. 그러다 보니 눈앞에 장성한 아들들이 어른거리면 그대로 눈을 감고 영원히 잠들었으면 하고 생각할 정도란다. 두 아들을 남보다 잘 키우기 위해 죽을 만큼 벌고 뒷바라지를 했건만 어쩌자고 그 나이까지 제 길을 못 가고 부모 등에 빨대를 꼽고 떠날 줄을 모르는지…?

그녀도 한때는 아들 때문에 즐거웠던 적이 있었다. 어머니의 우수한 유전자를 받은 아들답게 학창 시절에는 상위권 성적을 놓쳐본 적이 없었다. 엄마는 아들의 교육을 위해 열심히 일했다. 그런 아들들은 미국의 유명 대학에 유학까지 했는데….

아들을 키운 대다수 엄마는 한결같이 "내 뱃속에서 난 자식이지만 도대체 모르겠다. 어려서는 아주 남달라서 세상에서 두각을 나타내며 멋지게 살 줄 알았는데…"라고 말하며 한숨을 내쉰다.

사례 2

초등학교 때부터 전교 수석 자리를 내준 적이 없는 우등생 아들을 둔 친구가 있었다. 그래서 친구는 어느 자리에서든 아들 자랑이었다. 당연히 친구들은 그녀가 부러워 견딜 수가 없었다. 사실 학령기에 공부를 잘하는 자식이 부모의 절대 기쁨인 건 부모라면 다 마찬가지이다.

친구의 아들은 당연히 당시 최고의 명성을 날리는 외고에 입학했다. 그런데 고등학교에 입학하면서 동급생인 여학생과 사귄다고 했다. 그런데 상대 여자도 상위권을 달린다고 했다. 그러면서 친구는 그동안 아들이 공부만 해서 여자를 전혀 모른 숙맥인 줄 알았는데 놀 줄도 아는 '짱'이라면서 기뻐하기까지 했다. 그러던 아들의 여자 친구가 3학년이 되자 공부만 열심히 하자고 결별을 선언했다고 한다. 그때 아들은 실의에 빠져 헤매더니 결국 그해 대학 진학에 실패했다. 재수했지만 결국 신통치 못한 대학에 들어가야 했다.

그런데 아들의 전 여자 친구는 서울대학에 입학했단다. 같은 아파트 단지에서 살아왔기에 서로에 대한 소문은 그녀의 귀에 그대로 들어왔고, 간혹 마주치기도 했단다. 교복을 벗고 새내기 대학생의 생기발랄한 모습으로 사분사분 걸어가는 모습을 보면 달려가 뒤통수를 치고 싶었단다.

반면에 아들은 원하는 대학을 가지 못해 축 처진 어깨로 걸어오는 모습만 봐도 가슴이 아팠다고 한다. 친구는 그년(친구 표현에 의하면) 보기 싫어 이사해야 한다면서도 여전히 그 아파트를 떠나지 못하고 있다. 어느새 30살을 훌쩍 넘긴 아들은 중소기업에 취직하여 다니고 있지만, 결혼은 하지 않고 있다. 그런데 그녀은 사법 고시에 패스하고 변호사가 되어 로펌에서 근무하면서 같은 로펌에 근무하는 남자와 결혼까지 했다고 한다. 친구는 아무래도 아들 생각에 눈도 못 감고 죽을 것 같단다.

사례 3

아들이 어려서부터 골프를 가르친 친구가 있다. 대한민국이 IMF라는 초유의 사태를 접하던 1998년 박세리가 US 오픈에서 맨발의 투혼을 보여주며 승자가 되던 그 날 이후로 대한민국의 부모들은 자식들을 골프 선수로 키우고 싶은 열망이 불같이 일기 시작했다. 사업을 하던 친구 남편도 골프 마니아로 아들을 골프 선수로 키우고 싶어 했는데 당시 중학생이던 아들은 골프에 재능을 보였다. 그래서 일찍이 골프 선수의 꿈을 안고 훈련을 받아 그의 실력은 일취월장하며 각종 청소년 대회의 상을 휩쓸었다. 그래서 세계를 제패할 골프 기대주로 세간의 기대를 모았다. 당시 아버지는 그런 아들의 뒷바라지를 하는 즐거움으로 살았다.

하지만 사춘기에 접어들면서 아들은 담배와 술, 그리고 여자의 유혹을 뿌리칠 수 없었다. 결국, 19살이 되던 해에 그는 한 여자를 알게 되었다. 고된 운동을 하다 보니 섹스에 대한 갈증이 더 컸다고 한다. 아들은 그 여자를 사랑하지는 않았지만, 그에게는 절대 필요한 존재였다고… 물론 부모의 눈물 어린 회유와 때로는 강압적인 질책에 후회하며 운동에 매진해 보지만 집중력은 점점 떨어지고 수렁에 잠긴 몸은 점점 빠져들어 갔다. 그런 날이 계속되면서 퍼팅에 난조가 오고 점차 순위에서 멀어졌다. 결국, 아들은 골프를 기피할 만큼 괴롭고 힘들어 선수 생활을 접고 말았다. 이른 나이에 오로지 골프만 하면서 학업에 충실하지 못한 탓에 대학 입학도 하지 못했다.

고졸 학력이 전부인 아들을 바라보는 친구는 남편을 원망하며 살고 싶지 않다는 말을 자주 한다.

아들은 오피스텔에서 여자 친구와 동거를 하면서 실내골프장 코치로 생활하고 있다. 물론 부모님과도 등을 지고 살고 있다고 한다. 서로 바라보면 아픈 기억뿐이어서 만나면 불편하다고. 그녀의 남편도 더 이상 골프를 치지 않는다고. 아들의 골프채를 매고 세계대회에 참석하는 것이 소원이던 아버지는 심지어 골프 대회 중계도 보지 않는다고 한다. 그래서인지 남편의 사업도 내리막을 걷는다고….

한때 자식을 스포츠 선수로 키우는 열풍이 대한민국을 휩쓸었다. 골프, 축구, 야구, 스케이트, 수영 등. 하지만 지금은 과연 몇 명이 남아 이름을 날리고 있는지? 어릴 때부터 운동에만 몰입한 아들들은 사춘기인 13세부터 18세까지 여자의 유혹을 넘는 것이 어렵단다. 사실 남자가 대성하지 못하는 이유는 여자보다 능력이 떨어져서가 아니라 바로 청소년기에 마약이나 성과 같은 유혹에 흔들리는 탓이라고 한다. 특히 성 충동이 강한 시기라 여자의 유혹을 떨치기가 쉽지 않다고 한다.

결국, 대부분 남자는 청소년기에 혹독한 방황기를 거치는데 이때를 잘 넘어서야 비로소 남자가 된다. 훌륭한 운동선수를 보면 대부분 결혼을 하고 나서 대기록을 남기는 경우가 대부분이다.

사례 4

최근에 친구의 손자가 유치원에서 성도착자로 지목을 받았다고 한다. 고작 7살의 손자가 여아들을 상습적으로 성추행하는 장면이 목격되어 여아 학부모들이 집단 반발하며 그 손자를 성도착자 취급하며 왕따를 시키고 있다고 한다. 그 사실을 알고 아들 내외도 손자의 이상행동에 어찌할 줄 모르고 당황한다고 한다. 유치원에서도 집에서도 자기편이 없는 손자는 유치원에 가기 싫다고 한다. 집에서도 한껏 풀이 죽은 손자를 보면 친구는 가슴이 아프다고 한다. 손자가 개구쟁이라 여아들에게 장난을 치는 것이 도가 지나쳤을 수 있지만 절대 그런 의도가 아니라는 게 친구인 할머니의 생각이다. 하지만 할머니가 그런 손자를 변호하기에는 딸을 둔 엄마들의 반감이 너무 강해서 어쩔 줄 모르겠다고 한다.

미운 7살이라고 한다. 하는 짓마다 미운 짓만 하는 나이라는 뜻이다. 그런데 이 말은 여아에게 해당하는 것이 아니라 주로 남아에게 적용되는 말이다. 발달 과정에 따르면 영유아기를 거치며 자아가 형성되면서 에너지가 분출하는데 남아는 행동으로 발산되는데 이때 정제되지 않은 많은 이상행동이 돌출된다. 머플러를 목에 걸고 높은 곳에서 떨어지고, 장난감을 해체하고 여아들에게 찝쩍댄다. 그러나 남자아이들에게 그런 행동은 정상으로 가기 위한 과정인데 여아들 눈에는 이상행동으로 보인다. 여기에 여아들이 민감하게 반응하고 여아들의 엄마가 실력행사를 하면서 남아를 고립시킨다.

할머니가 된 베이비부머가 어릴 적 기억을 더듬어 내려가면 여아들은 주로 고무줄이나 오자미, 사방치기를 하고 남아들은 딱지나 구슬치기를 하며 놀았다. 남아들은 놀이가 재미없어 질 무렵이면 무작정 여자들의 놀이에 달려들어 고무줄을 끊고 달아나거나 여아의 치마를 휙 걷거나, 더 방심하면 팬티까지 벗기고 도망친다. 그러면 여아들은 '우리 엄마에게 이를 거라고' 소리치며 울면서 집으로 돌아온다. 그러면 엄마는 달려나가 호통을 치지만 더러는 그깟 일로 우느냐고 딸을 야단치기도 한다. 그렇게 하루해가 저물고 다음 날이 되면 아이들은 언제 그런 일이 있었냐는 듯 놀다가 누군가 또 여아를 울리고….

동네마다 유독 장난이 심한 남아들이 있다. 동네 어른들은 커서 뭐가 되려는지 하며 혀를 차고 딸들에게는 가까이 가지 말라고 경고를 했다. 그런데 세월이 한참 지나 그 망나니가 수려한 청년으로 성장하여 동네 사람들을 한 번 더 놀라게 한다. 그러면서 동네 사람들이 한마디 덧붙인다. 어려서부터 남달라서 뭐가 되도 될 줄 알았다고….

페미니스트가 득세한 21세기에 들어서면서 남아의 과잉행동을 이상행동을 규정한다. 예전 사람들은 그저 남아들의 흔한 짓거리려니 하며 무심했지만, 현대는 병자 취급하는 사회현상 탓에 남아가 남자로 자라지 못하고 있다. 그래서 아들을 키우는 엄마는 그런 사실에 대한 지식을 정확하게 알고 판단해 두어야 한다. 그래야 딸 키우는 엄마들의 공격에서 아들을 지킬 수 있기 때문이다.

아들을 키우는 엄마는 남아의 뇌 구조를 먼저 이해해야 한다. 남자의 뇌에 있는 중격측좌핵은 매력적인 여성에게 반응을 촉진시킨다고 한다. 이 기능 때문에 남자들은 여자를 보면 자동적으로 눈이 가는 것이다. 다시 말하면 여자들이 주장하는 남자의 눈길이나 손짓이 성적인 의도가 있는 것이 아니라 남자의 뇌 구조가 그저 여자의 외모에 생물학적 반응을 하는 것뿐이다.

단순 사례를 보면 미국의 션티 펠드한은 『남성의 시선』에서 이렇게 쓰고 있다.

"엄마와 의상실에 간 4살짜리 아들이 엄마가 옷을 고르는 동안 읽으라는 동화책 대신에 가판에 놓인 여성의 속옷 잡지를 보며 소리쳤다. '엄마! 여기 누나들을 볼 때마다 고추가 서요.'"

물론 엄마는 몹시 당황스럽다. 그러나 이때 4살 아들은 성을 전혀 모르는 상태에서 신체가 반응하는 것에 스스로 놀라는 것뿐이라는 사실로 이해해야 한다. 이 사건을 보는 남자는 그런 반응은 또래 남자아이들의 생물학적 현상으로 여자들이 지적하는 불순한 욕정이 아니라 건강한 반응으로 생각한다.

에머슨 에거리치는 『속 터지는 엄마, 억울해하는 아들』에서 이런 아들의 첫 눈길은 음탕하지 않다는 것을 엄마가 알아야 한다고 했다. 이런 아들의 솔직한 반응 자체가 순수하다는 게 그의 견해다. 에머슨에 의하면 어떤 장소에 매력적인 여성이 갑자기 등장하면 그곳에 있던 남성들의 시선이 일제히 그 여성에게 쏠린다고 한다. 심지어 범죄자를 쫓는 긴박한 상황에도 아름다운 여인을 보느라 무리의 경찰이 범죄자를 놓치는 촌극까지 발생한다고 한다. 일단 아름다운 여자를 보면 모든 것을 망각하고 눈이 가는 것은 바로 뇌에 있는 중격측좌핵이 작동을 하기 때문이란다.

그러나 10초가 지나면 음흉한 미소를 짓는다. 이어서 추파를 던지며 선을 넘기기 시작한다. 성적 호기심으로 바라보는 것을 넘어 자극적인 성행위 등을 상상하며 욕정이 시작되는 것이다. 바라보는 것은 본능이지만 욕정은 습득한 지식이나 경험으로 유추하는 것이다. 다시 말해서 쳐다본다고 해서 다 욕정이 아니지만 세상에서 벌어지는 정보나 개별적으로 습득한 지식이나 혹은 매체를 통해 그런 욕정을 구체화하게 된다. 그러니 바라보는 것은 죄가 없지만, 욕정이 싹트면 성범죄가 구체화 된다.

사실 유년기나 초등학교 저학년의 남아가 여아에게 찝쩍대는 것은 여자들이 일반적으로 상상하는 것과는 다르다. 즉, 추행이나 폭행 등을 행할 만큼 성적 지식이 없는 아이들은 뇌에 있는 중격측좌핵의 작동에 따른 움직임으로 그저 저도 모르게 일으키는 본능에 충실한 유치한 호기심 수준이다. 이런 본능에 의미를 부여하는 것은 무리가 있다. 이미 성의식이 확고해진 성인들과 전혀 다름에도 딸들의 엄마들이 단순한 개구쟁이들을 성도착자 수준으로 몰아붙인다면 남아에게는 가혹한 일이다.

문제는 아들에게 잘못된 성 지식을 초기에 주입하거나 그런 쪽으로 몰아가면서 질책하면 아들이 건강한 성 지식을 확고히 하지를 못한다는 데 있다. 흔히 새가 머리 위에 앉는 것은 막을 수 없지만, 둥지를 트는 것은 막을 수 있다고 하지 않는가? 그저 유년 시절에 머리에 앉는 새를 '휘' 하고 가볍게 쫓아버리면 될 것을 기어코 아들의 머리에 둥지를 틀게 하여 딸들을 점점 더 불안하게 하는 것은 아닐지…?

에머슨은 "아들의 성적인 관심을 부모가 알아챘을 때 아이가 이해하는 수준에서 정보를 전달할 수 있어야 한다"고 말한다. 아이 수준에서 침착하고 차분하게 소통한다면 아들은 자신을 이해할 수 있단다. 그런 현상은 본인만이 아니라 남아라면 누구나 겪는다는 점을 깨우쳐 주면서, 하지만 시선을 계속 두는 것은 남자로서 부끄러운 일임을 알려주어야 한단다. 상대 여성을 존중하는 태도가 곧 정의로운 남자라는 사실을 이해할 수 있게 설명한다면 남아들은 이를 충분히 지키려고 노력한다. 그런데 이런 것은 엄마가 나서지 말고 아버지가 동맹군으로 나서게 해야 한다. 엄마는 남자의 성을 모르기에 그저 부정적이고 근심 걱정에 매여 무조건 안 된다는 강압적인 태도를 보임으로써 오히려 부작용을 낳게 하기 때문이란다.

2
중격좌측핵

뇌에 있는 중격좌측핵은 남자와 여자에게 다른 반응을 일으킨다고 한다. 중격좌측핵은 남자는 여자의 외모에 즉각 반응하게 하지만, 여자는 아름다운 옷이나, 보석, 혹은 액세서리에 먼저 반응하게 하고, 결혼을 갈망하는 여자의 경우에는 예쁜 아기를 보면 자기도 모르게 훅하고 눈이 간다고 한다. 이처럼 중격좌측핵을 통해 남자와 여자는 시각적인 관심을 끄는 대상이 다르다는 사실을 알아야 한다.

이런 특징에 따라 남자는 10초 후에 자기 경험에 기초한 욕정이 시작된다. 여성의 옷을 벗기고 성적인 상상을 하기 시작한다. 그 반면 여자는 자신이 탐나는 것을 가진 사람을 질투한단다. 남자로부터 사랑받지 못한 것에 대한 비애감을 느끼며 얼마 전에 헤어진 남자친구에 분노를 느끼고, 심지어 아기를 훔칠까? 하는 악의적인 생각도 한단다. 이 때문에 이혼하면 대부분 남자들은 과거를 쉽게 잊는 반면에 여자들은 전남편이나 남자친구에 집착하는 집요함을 보인다고 한다.

이처럼 남녀가 관심이 다르고 그것으로부터 파생되는 상상이나 행동도 다르다는 것은 유전자 자체가 다른 영향도 있다. 남자는 XY, 여자는 XX이다. 창세기에서 보면 남자와 여자는 만들어진 과정도 다르다. 남자는 흙으로 만들어졌고, 여자는 남자의 갈비뼈로 만들어졌다. 흔히 사람들은 성경의 논리를 그저 누군가의 상상력으로 만들어진 얘기이라고 하지만 그 어느 종교도, 그 어느 철학도 인간의 탄생 과정에 대한 언급은 없다. 대체로 인간은 저절로 생겨나서 진화했다는 것을 믿지만, 오로지 성경에서만 인간의 창조과정을 상세히 표현하고 있다.

문제는 남녀는 이처럼 근본적으로 다르다는데 엄마들은 무조건 같다면서 아들이나 딸을 자기 방식으로 키운다는 데 있다. 이는 결국 남자의 남성성을 상실시키고 여자도 여자의 여성성을 상실하게 한다. 유전적, 생물학적 구분이 무시된 채 성장한 남녀는 정체성을 상실하고 제 역할을 하지 못하면서 세상을 혼돈 속으로 몰아간다고 하건만…

3
아들과 딸

 남녀 심리 발달 단계를 보면 통상적으로 아들이 딸보다 정서 연령이 2~3년이 뒤처진다고 한다. 특히 사춘기에 접어들면 그 차이가 확연하다. 딸들은 중학생만 되면 마치 여인처럼 성숙해지는 반면에 아들은 여전히 초등학생 정서 수준에 머물러 있다. 그래서 중학교 교실에서 주로 여학생이 주도권을 잡는다.

 남학생들은 대체로 말없이 앉아 있고 여학생들은 끊임없이 말을 한다. 언어 발달을 주도하는 뇌량도 여자가 훨씬 더 발달했다고 한다. 이런 특징을 가진 여학생들은 동급생인 남학생들을 마치 엄마처럼 감싸고 때론 애인처럼 유혹과 질타를 하면서 쥐락펴락하는 것을 볼 수 있다.

 거기다가 딸은 상대 중심이고 아들은 자기중심적이다. 그래서 여학생은 자신보다는 상대를 지적하고 참견하기를 즐긴다. 아동기에 어떤 사전 지식 없이 남아와 여아에게 목표를 주고 달리라고 하면 남아는 일제히 달려가지만, 여아는 주변을 뱅뱅 돌면서 왜 가야 하느냐? 질문하거나 머리가 아프다 등의 핑계를 댄다고 한다. 그래서 남자만 모이면 삭막하고, 여자만 모이면 산만하다고 한다. 이처럼 행동이 다른 이유는 남자는 문제 자체에 빠져들고, 여자는 주변을 보는 살피는 경향이 있기 때문이다.

 딸이 중학생이던 시절에 함께 본 프로그램이 있었다. 암 진단을 받고 항암치료를 받으면서도 학교 수업에 참여하는 학생을 취재한 것이었다.

취재진은 머리카락이 빠져서 면 모자를 쓴 환자와 다소 떨어져 있는 곳에 앉아 있는 남학생에게 질문했다. 같은 반 친구가 다른 사람과 다른 모자를 쓰고 있는 것에 대해 어떻게 생각하느냐고 물었다. 그때 그 학생은 눈을 동그랗게 뜨고 반문했다.

"어? 쟤가 왜 저런 모자를 쓰고 있지?"

그때 내 곁에 앉아 함께 시청하던 딸이 소리를 질렀다.

"남자애들은 다 저렇다니까? 인간도 아니야. 반 친구가 죽을병에 걸렸는데도 저렇게 무관심하다니까. 한심한 족속들, 인간도 아니야."

텔레비전에 나오는 남학생도 엉뚱하지만 마치 어른처럼 꾸짖는 딸의 반응도 어처구니가 없었다. 정말 아들과 딸은 이처럼 다르다.

이처럼 사춘기를 겪는 과정까지 아들의 정서 발달이 늦지만 더하여 아들을 향한 세상의 유혹은 점점 더 거세지고 있다. 세상의 주변 환경은 아들에게 점점 더 불리하다. IT산업의 발달로 아들들은 딸보다 게임 중독이나 음란물에 더 쉽게 빠져들면서 배우고 익힐 기회를 놓쳐버리고 만다. 반면에 야무진 딸들은 역사 이래로 아들이 누렸던 자리를 무차별적으로 치고 들어온다. 대학입시는 물론 각종 전문화 과정도 여자가 대세다.

최근에 미국에서는 남녀 공학을 폐지해야 한다는 주장도 나온다고 한다. 청소년기까지 발달 과정이 다른데 같은 평가 기준은 아들에게 절대 불리하다고 한다. 하지만 더 큰 문제는 발달 과정이 같은 속도로 이어지지 않는다고 한다. 대체로 여자의 발달속도가 남자보다 빠른 반면에 빨리 꺾인다고 한다. 여자는 30대까지 급격하게 상승 발달하다가 급격한 하강 곡선을 그리는데 남자는 30세까지는 완만하게 발달하다가 오히려 그 이후로 상승 곡선을 그린다고 한다. 하지만 이미 우수한 여자에게 선점당했으니 막상 남자의 발전기인 30대에 이르러도 이미 여자에게 빼앗겨 정작 때가 와도 제 역할을 할 기회조차 얻지 못한다.

수년 전에 조사한 한 통계를 보니 고등학교까지 각종 상을 휩쓸고 대학에 수석 입학한 여학생들의 10년 후를 추적해보니 대부분 지극히 평범하게 살고 있는 상황이었다. 결국, 뛰어났던 여학생들은 지속 발전의 가능성이 있는 남자의 자리를 초반에 빼앗아 그만큼 발전시키지 못하고 도태되었다. 남자 역시도 초반에 발달이 빠른 여자에게 기회를 빼앗겨 아예 기회조차 얻지 못해 그저 부실한 남자로 살아남아야 하는 아픔을 겪는다. 결국, 아들도 딸도 행복하지 않고, 사회 발전에도 지장을 초래하는 일들이 계속된다면 이 얼마나 안타까운 일인가!

4
약해진 아들 때문에

아들이 약해진 것은 아버지가 아들을 남자답게 이끄는 부성을 상실했기 때문이라고 하지만 나는 그 원인이 아들의 엄마에게 있다는 생각을 한다. 요즈음 대부분 엄마는 아들을 사랑하기에 아들 교육 주도권을 잡으려 하지만 남자인 아들을 결코 이해하지 못한다. 흔히 대접과 주전자가 쓰임이 다르듯이 남자를 제재로 이해하지 못하는 여자인 엄마가 남자인 아들을 이끈다는 자체가 어불성설이건만. 가정 내에서 입지가 강해진 엄마가 아버지인 남편을 무시하고 아들을 자기 방식으로 양육하려 한다.

이처럼 엄마가 자기 방식으로 아들의 교육을 주도하면서 부부간의 갈등도 심화된다. 엄마는 아들이 제때 성적을 내지 못하면 마음을 졸이고 아버지는 그냥 내버려두라고 한다. 그러면서 아버지는 '남자는 스스로 의미를 찾을 때 비로소 성과를 낸다'고 아들 편을 든다. 그러면 엄마는 오히려 아버지가 자식 교육에 무관심하다고 불평을 한다. 대부분의 여자인 딸들은 계단식 상승 패턴으로 성적을 유지한다. 그렇게 부모의 기대치에서 크게 이탈하지 않고 꾸준한 성적관리가 되는 딸에 비해 아들은 아동기, 청소년기, 청년기마다 예측을 불허한다. 초등학생 시절에는 전교 일등을 놓쳐 본 적이 없던 아들이 고등학교에 들어가서 성적이 하위권에 들거나, 청소년기에 하위권이던 아들이 군대 갔다 와서 뒤늦은 공부를 시작해도 남보다 뛰어나기까지 한다.

그래서 남자의 성향을 아는 아버지가 아들을 내버려두라는 말은 무관심해서가 아니라 스스로 길을 찾을 때까지 기다려 달라는 말이다. 아들은 늦게 철이 난다는 말이 그 말일 것이다. 그러나 엄마들은 그런 아버지 방식에 절대 동의하지 못하겠다며 아들의 방황을 절대 좌시하지 않겠다면서 온갖 수단과 방법을 동원하여 더 튼튼하고 높은 벽을 쌓아 아들을 보호하겠다고 한다.

최근에 엄친아라는 말이 유행하고 있다. 엄마는 스스로 엄친아라는 소리에 자부심을 느끼며 자식의 교육에 뛰어들었다. 그래서 강남 엄마가 대세란다. 맘 카페, 학부모 연대 등을 결성하여 감시의 기능을 강화하며 여론을 주도하고 있다. 대치동 학원가의 카페에는 삼삼오오 여자들이 진을 치고 앉아 정보 교환에 열을 올리고 있는 모습을 흔하게 볼 수 있다. 엄마의 정보력이 곧 자식의 경쟁력이라며 전문가라고 자처하는 사람들을 추종하고, 더하여 고급 정보는 마치 남과 다른 차별화 전략으로 은밀하게 서로 주고받는다.

특히 전업주부가 아들에 대한 기대감을 극대화하며 몰입한다. 다시 말하면 페미니스트 시대에 다른 여자들처럼 남자와 경쟁하는 사회활동을 하지 못한 열등의식이 잠재하여 자기 기대를 아들에게 쏟아붓는다고 한다. 심리학자 칼 융은 일반적으로 여자 심리에는 내 아들은 위대한 일을 할 거라는 맹목적인 믿음이 무의식에 있다고 한다. 과거에는 힘이 없어 지켜만 보면서 그저 마음만 졸이고 있었지만, 현대에 들어서서 엄마가 직접 행동으로 나서며 아들을 지배한다. 마치 아들이 자기의 꿈을 실현시켜주는 신처럼 믿고 보살피지만 그런 아들은 신경증에 걸리기 쉽다고 융은 말한다. 왜냐하면, 엄마의 맹목적인 집착으로 자란 아들이 남자로서 자라는 것을 배우지 못했기 때문이다. 그렇게 키워진 아들은 결국 마마보이가 되어 늙은 엄마의 치마끈을 붙잡고 놓지를 않는다. 그래서 노년에 접어든 엄마들의 근심이 깊어지고 있다.

5
엄친아

한때 〈아빠 어디가〉라는 방송프로그램을 방영한 적이 있었다. 아빠와 유년기 전후의 자식들이 오지 체험을 하는 내용이다. 방송에서 보면 아빠는 어린 자식을 돌보는 구체적인 계획이 없다. 그래서 시청하는 엄마들은 불안하다. 저러다가 애가 잘못되면 어쩌지 하는…. 아버지가 계획도 없이 어린 아들이 하는 짓과 똑같은데 애를 맡길 수 없다고 안달을 한다. 엄마 생각대로 때론 어린 자식이 아빠를 챙기기도 한다. 아빠와 아들은 서로 익숙하지 않은 환경에서 서로를 의지하며 적응하려 한다. 그러나 시간이 갈수록 아빠와 자식은 시행착오를 반복하면서 둘은 점점 발전해 나가는 것이 보인다.

만일 〈엄마 어디가〉라는 프로그램을 방영한다면 어땠을까? 분명 시작부터 엄마가 일방적으로 모든 것을 주도면밀하게 계획하면서 자식을 편하게 해주는 게임에 돌입할 것이다. 그러다가 엄마가 쳐놓은 방어막을 이탈하면 위험하다고 잔소리를 퍼부을 것이다. 때론 '엄마가 하라는 대로 해!' 하며. 그러나 딸은 엄마의 지시에 큰 저항이 없이 따르지만, 아들은 자기 방식을 주장할 것이다. 만일 강성의 엄마는 그런 아들의 방식이 어처구니없는 발상이라며 계속 자기 방식에 따르라고 주장한다. 결국, 강성의 아들은 엄마에게 노골적으로 반발한다. 이처럼 아들의 방식을 존중해 주지 않고 엄마의 방식을 밀어붙이면서 둘의 관계는 최악이 되고 만다.

어쨌든 유년기에 아들이 불만을 표해도 엄마는 아랑곳하지 않고 자기 방식으로 밀고 나가 일방적으로 승리한다. 이유는 돌보는 기능이 강한 엄마는 내 아이가 시행착오를 겪지 않고 안전하게 게임에서 이기도록 온몸으로 애를 쓰기 때문이다. 엄마들은 자신을 따르면 이기는 게 뻔한데 왜 쓸데없는 곳에 힘을 빼느냐면서 자기의 시각으로 아들이 일방적으로 이기게 해주는 것이 목표다. 엄마 말을 따른다면 쉽게 이길 수 있을 것이다. 하지만 이기고 지면서 스스로 알고 깨닫는 과정이 없으니 다음에도 아들 스스로 힘으로는 이길 수 없다. 결국, 엄마는 아들과 함께 하는 게임에서 정당하게 이기고 지는 것을 통한 훈련을 시키지 않고 트릭을 써서라도 이기게 하려 한다.

얼마 전 유럽의 한 방송사에서 엄마와 유치원생인 자식을 한 방에 두고 단어 맞추는 실험을 한 영상을 방영했다. 알파벳 카드를 펼치고 단어를 끝까지 맞추는 것을 엄마가 지켜보는 게임이다. 물론 아무도 보는 사람이 없다는 것을 전제하에 게임이 진행되었다. 서구 유럽의 엄마들은 자식이 못 맞추는 것에 절대 동요하지 않고 지켜본다. 그런데 우리나라 엄마들만 참지 못하고 손짓, 발짓 혹은 표정을 동원하여 자기 자식이 어떻게든 맞추게 하는 시도를 한다. 그래도 맞추지 못하자 엄마가 결국 맞는 카드를 슬쩍 자식의 손에 넘겨주는 짓도 한다. 결국, 이렇게 자란 아들은 내심 그런 엄마에게 수치심을 느끼게 된다고 한다.

왜냐하면, 유년기에 아들은 마음속에 정의에 대한 열망이 충만한 상태다. 그래서 유년기에 아들은 유독 머플러를 두르고 검을 휘두르는 정의의 사자를 흉내 내려 한다. 누가 가르쳐 주지도 않았는데 그러는 이유는 하나님께서 그런 정의감을 남자의 마음에 심고 세상에 보내셨다고 한다. 그런 유년기를 지나 학습이 시작되면 경쟁하면서 차츰 그런 정의로움이 사라지고 기득권이 되려는 세상의 논리에 편승하게 된다. 그러나 유년에 바른 가치관이 심어졌다면 그런 흔들림에서 결국 승리한다고 한다. 다시 말하면 유년에 그런 원칙적인 훈련이 없고 편법을 쓰면 결국 악당으로 기운다는 것이다.

하지만 엄마는 아들이 자신의 구원자가 되리라는 기대감으로 보란 듯이 번듯하게 키워 엄마를 대변해 주기를 바라겠지만, 이미 아들은 나약한 폭군이 되어 엄마를 괴롭게 하고 있다. 아들을 독수리로 키워 창공을 나르며 비상할 것이라는 기대를 품었건만 독립할 나이가 되어 집을 떠나지 못하는 암탉처럼 엄마를 쪼고 있단다.

엄마의 방식으로 아들을 키운 다음 나타나는 부작용을 인지하면서 이런 문제를 지적하는 책들이 최근에 쏟아져 나오고 있다. 『엄마는 아들을 너무 모른다』, 『아들은 원래 그렇게 태어났다』, 『속 터지는 엄마 억울해하는 아들』 등이다.

이제 대한민국 아들의 엄마들도 남이 들려주는 소리에 귀를 기울이지 말고 진정 내 아들을 위한 길이 무엇인지 엄마 스스로 찾아내야 할 때가 아닌지….

6
방향키를 잡은 여자

하나님은 당신이 창조하신 생명체는 특성대로 재능을 골고루 나누어 주면서 조화롭게 발달하기를 원하신다. 유독 인간 중에 여자만 차별받는다며 남자의 역할에 도전장을 낸다. 그러나 하나님의 입장에서 보면 차별이 아니라 구별이다. 남녀가 경쟁의 관계가 아니라 보완의 관계로 각자의 장점은 더 발달하게 하고, 약한 것은 나누라 하신 것이다.

하나님은 인간을 창조하시고 생육하고 번성하라는 임무를 부여하신다. 남자에게 번성의 소명과 함께 사물에 대한 사랑으로 과학을 발달시키고 철학과 사상에 이은 문화를 만들어내며 인류발전을 주도하라고 하신 것이다. 하지만 남자에게는 오로지 앞으로 달리는 운동성만 있다. 남자의 집중력과 추진력은 한 방향으로 움직이기에 생육 번성을 하는 쪽인지 아니면 파괴의 방향인지 알지 못한다는 것이다. 그래서 문명 자체는 인류에게 양날의 검이라고 하는 것이다. 앞서 말했듯이 핵이 인류에게 에너지원이 되기도 하지만 엄청난 파괴의 무기가 되기도 하는 것과 같다. 그래서 애써 이룬 문명이 한순간에 무너지는 것이다.

하나님은 여자에게 당신의 영감을 조금 나누어 주시면서 생육의 역할을 담당하게 하셨단다. 아무리 크고 화려한 번성도 생명의 방향으로 나아가지 않으면 결국 인류를 망하게 하는 흉기가 되기 때문이다. 그래서 남자는 무조건 달리는 배의 역할이라면, 여자는 그 배의 방향키를 잡는 역할을 하여야 한다. 아무리 고성능의 엔진을 자랑하며 달리는 배라지만 방향키가 작동하지 않으면 결국 암초에 부딪혀 산산조각이 나서 침몰하거나 혹은 망망대해에서 종착지를 찾지 못한 채 영원히 바다를 떠돌 것이다.

동서고금을 막론하고 역사 이래로 이름을 남겼다는 현자들이 공통으로 하는 말, 인생은 고해라고 한다. 하나님도 세상은 바다와 같다고 하신다. 한 치 앞도 모르는 바다와 같은 세상에서 인생은 그런 바다를 떠도는 배와 같단다. 그런 망망대해에서 살아남는 방법은 달리는 힘보다 방향키다. 남자를 도우라고 여자를 만들어 준 하나님은 여자에게 방향키의 권한을 주시면서 남자를 바른길을 인도하라고 하신 것이다. 그래서 칼 융은 예감 능력이 훨씬 뛰어난 여자가 예감 능력이 취약한 남자에게 유익한 경고를 한다고 한다. 당장 눈앞만 보고 달리는 수평적 시각을 가진 남자에게 하나님의 수직적 시각으로 앞길을 보게 해주는 능력을 여자에게 나누어 주신 것이다.

남자의 심리는 단순하다. 남자가 방향키를 잡은 여자를 온전히 믿는다면 온 힘을 다해 달리기만 한다. 남자가 열정적으로 자기 재능을 발휘하지 못하는 이유는 여자에 대한 믿음이 약해서 그런 것이다. 방향키를 잡은 여자를 믿지 못하니 남자는 오로지 힘으로 자기 방향으로 밀어붙인다. 그래서 남자들은 충동적인 유혹에 빠지기 쉽다고 한다. 이런 성향으로 마약이나 게임 중독자는 남자가 더 많다고 융은 말한다. 더구나 세상은 점점 더 남자를 감각적으로 유혹하는 것들이 폭발적으로 늘고 있다. 이런 혼돈의 세상에서 바른길을 인도해주는 여자가 없으면 남자는 점점 더 악한 길로 빠져들고 결국은 흉기가 되어 다시 육체적으로 연약한 여자를 위협하게 된다.

더구나 세상은 남자가 가진 잠재적 재능을 발달시키기에 어려운 환경으로 급격하게 변해가고 있다. 거기다가 여자가 경쟁적으로 남자의 자리를 빼앗다 보니 무능한 남자가 급증하는 것도 그만큼 여자의 짐을 무거워지게 한다. 사람들은 타고난 그릇을 불평하며 바꾸어 주기를 원하지만, 인생은 타고난 모양과 전혀 관련이 없다. 쓰임새에 맞게 쓰이면 된다. 그래서 타고난 재능대로 사는 것이 심리적인 안정을 준다.

어쩌면 남자의 그릇은 겉으로 보기에 크고 화려하고 여자의 그릇은 볼품없고 작은지도 모른다. 사람은 저마다 그릇이 크기를 원하지만, 그릇이 크면 그만큼 리스크가 크다. 흔히 크고 화려한 그릇은 어쩌다 한두 번 쓰이고 대부분 장식장에 먼지만 뒤집어쓰고 있다. 더하여 하나님은 깨끗한 것을 담는 그릇을 사랑하시는데 온갖 추악한 것을 담는다면 오히려 큰 것보다 작은 것이 더 낫다. 그저 세상이 커졌다고 사람마다 큰 그릇이 되게 해달라고 부르짖지만 악한 것이 넘쳐나는 세상이다.

비록 여자가 남자보다 연약하고 작게 태어났다지만 생명을 잉태하고 키우면서 여자의 그릇은 점점 넓어지는 것 같다. 발달심리에 의하면 여자는 결혼을 통해 성숙해진다고 한다. 특히 여자에게는 남자에게 없는 자궁이 있다. 이 자궁에 10달 동안 생명을 품고 자신의 생명을 걸고 출산을 하고 과정에서 남자가 결코 겪어보지 못한 경험을 하면서 지혜의 여신 소피아의 경지에 오른다고 한다.

여자가 이런 지혜를 발휘하여 가정을 이끌고 남자인 남편과 아들을 잘 이끈다면 세상은 아름답게 발전해 나가지 않을는지…

2부

아버지가

아들에게

텅 빈 링의 한복판에 복서가 서 있네.

싸워서 밥벌이를 하는 복서.

그를 모질게 때리던 모든 글로브의 기억을 지닌 채
"이제 그만 두리라. 나는 떠나리라."
분노와 수치심에 소리치지만

그 파이터는 지금도 떠나지 못하네.

- 폴 사이먼 「복서」

누구나 어느 얼굴이 진짜인가 한참을 고뇌한 후에야 무수한 사람들의 얼굴
과 구분되는 자신의 얼굴을 찾을 수가 있다.

- 나다니엘 호손

7

아버지의 부재

요즈음 사람들에게 아버지라는 존재가 무엇이냐고 물으면 요리 잘하는 아버지, 자식들과 잘 놀아주는 아버지, 모든 잘못은 덮어주는 자상한 아버지, 심지어는 자식에게 배우는 아버지까지 등장한다. 요즈음 텔레비전 광고에 곧잘 나오는 콘셉트가 어른을 야단치는 아이다. 어린 딸이 팔짱을 끼고 혀를 차며 아버지의 잘못을 지적하는 모습까지 등장했다. 이런 현실에 정치권도 나섰다.

한때 대권 주자였던 이낙연이 대권 도전을 앞두고 했던 말이 기억에 남는다. "인생에서 가장 크고 감동적인 변화는 소녀가 엄마로 변하는 순간"이라면서 "남자들은 그런 것을 경험하지 못해서 나이를 먹어도 철이 안 든다"고 했다. 아무리 여자표를 의식했다지만 남자인 자기 비하는 그렇다 치고 남자 전체를 매도까지 하는 이유가 궁금했다. 나이를 먹어도 남자는 철이 안 든다는 말은 동네 아줌마가 웃자고 하는 소리인데 모든 계층을 끌어안아야 하는 대권 주자가 할 말은 아닌 것 같다는 생각을 했다.

오늘날 아버지의 권위가 이처럼 땅에 떨어진 이유를 신학자 헨리 나우웬은 3가지로 나누어 설명한다. 첫째 극단적인 개인주의로 모든 생각이 극도로 자기의 세계로 움츠러들어 자기 외에는 어떤 사고도 하지 않는다고 한다. 그로 인해 타인은 물론 남편이나 아내, 심지어는 자식도 생각하지 않고 오로지 자신만 생각한단다. 그래서 최근 우리나라도 나 혼자 사는 것이 대세가 되고 있다. 둘째 부성 상실의 시대라고 한다. 권위나 윗사람을 인정하지 않는 버릇없는 막돼먹은 세상이라고 한다. 윗사람에 대한 예의나 존경이 없으니 아랫사람을 돌보거나 양보할 줄도 모른다. 셋째, 강박적 시대라고 한다. 스트레스에 시달리며 경련과 발작으로 생각 없는 우발적인 행위가 주를 이룬다고 한다.

미국의 심리학자 밀러는 인간의 지식은 5가지를 통해 발달한다고 한다. 영감으로 얻는 계시적인 지식, 합리적 사고로 이해하는 이성적 지식, 경험으로 알게 되는 경험적 지식, 느낌으로 알게 되는 감성적 지식, 그리고, 권위적 지식이다. 권위적 지식은 말 그대로 권위를 가진 사람으로부터 배우는 지식이다. 가정 내에서 자식들은 일차적으로 아버지의 권위에서 오는 지식을 배워야 사회에서 존경받고 권위가 있는 사람의 지식도 쉽게 받아들이게 된다는 것이다.

일반적으로 권위적인 것과 권위를 혼동하는데 이는 전혀 다른 개념이다. 권위적이란 권위를 가지지도 못한 사람이 스스로 우위에 있다고 복종하기를 강요하는 것이다. 그러나 권위는 사람이 아니라 위치에 대한 것을 의미한다. 하나님은 인간 최초의 공동체 가정을 만들고 아버지의 권위를 인정하라고 하신다.

그런데 현대인은 이런 권위조차 인격과 연관시킨다. 그 결과 현대인 대부분은 가정 내에서 아버지답지 않은 행동으로 인해 아버지를 인정할 수 없다고 한다. 더구나 자식 중심의 교육이 이루어지다 보니 아버지에게 자식들은 본받을 행동을 먼저 요구한다. 또한, 가부장적인 수직적인 관계보다는 인권을 앞세운 수평적 관계로 자식 교육을 앞세운다.

그래서 이제 가정 내에 아버지의 자리는 더 이상 없다. 아버지는 자식을 위한 것이라면 모든 것을 참아내는 구석진 자리로 내려앉았다. 아버지는 자식의 공부를 위해 퇴근 후에 텔레비전도 마음대로 보지 못한다.

내 집에서도 자식에게 좋은 본보기를 보여주기 위해 편한 복장을 하지도 못한다.

그러나 아버지는 겉으로 드러나는 행위가 아니라 자식에게 영적인 유산을 주는 위치다. 사실 남자라는 특성상 아버지는 용의주도하지 못해 늘 실수를 반복한다. 하지만 행동과 일치하지는 못하지만, 부모의 교훈은 자식에게 남겨줄 수 있는 유일한 경험적인 지식이다. 부디 나처럼 살지 말라는 간절한 부모의 마음, 남들만큼 잘 해주지 못한 미안한 마음을 품고 영혼까지 가지고 간다.

술로 간암에 걸린 지인이 임종을 앞두고 자식을 불러 모았다. 그의 아버지도 술로 간암으로 사망하면서 아들에게 절대로 술 먹지 말라는 유언을 했지만, 아들인 지인도 결국 같은 질병으로 죽게 되었다. 침상 주변에 모인 자식들에게 지인이 단 한마디로 유언한다.

"술 먹지 마라."

구구절절 말하지 않아도 그 속에는 모든 것이 담겨 있다. 미안하다. 나도 아버지 말을 어기고 말았지만, 너희만큼은 내 말을 들어달라는 간절한 마음이리라. 그렇게 미안한 마음으로 죽은 아버지의 영혼은 미안한 마음으로 자식을 도우려 하지 않을까?

반면에 자식에게 올인했는데 자식이 그것을 몰라주면 오히려 섭섭한 마음으로 죽으면 자식을 저주하는 영이 되지 않을까? 성경에는 아버지의 권위는 하나님이 주신 것이고 자식에게 축복과 저주의 권한도 주셨다고 하건만…

8

아버지의 부재를 부추기는 현실

유독 대한민국은 남자가 공공의 적이라며 가부장적인 아버지가 변해야 한다고 여자와 자식이 총공세를 하고, 여자표를 의식해 정치권도 남자는 여자가 원하는 대로 변해야 한다고 말하곤 한다. 이와 달리 코로나라는 위기에 직면했을 때 미국 트럼프 대통령은 다른 대안을 제시했다.

코로나라는 정체불명의 바이러스로 한순간에 위기에 처하자 당시 미국 대통령이었던 트럼프는 교도소에서 죄수들의 갱생 프로그램을 운영하는 목사를 백악관에 초청하여, 강연을 들었다고 한다. 흑인인 목사는 강연을 통해 오늘날 점점 심화되는 사회적 갈등과 불안을 일으키는 요인은 바로 가정 내에 아버지의 부재라고 지적했다. 그러면서 그는 미국 사회의 범죄자 중에 아버지가 없는 아이들의 비율이 5배가 높고, 아버지가 없는 아이가 고등학교를 중퇴하는 비율이 70%이며, 아버지가 없는 아이가 빈곤층으로 전락하는 비율이 4배가 높다고 했다. 그러면서 그는 이런 현실을 바라보며 그 어느 때보다도 아버지의 권위를 회복해야 할 때라고 주장했다.

또한, 그는 오늘날 아버지의 부재를 부추기는 것 중의 하나가 인권을 앞세워 공권력을 약화시키는 것이라고 했다. 트럼프가 그 목사를 백악관에 초청해 강연을 들었을 때는 다름 아닌 미네아폴리스에서 백인 경찰이 무릎으로 흑인 남성, 조지의 목을 눌러 사망에 이르게 한 사건이 발생했을 때다. 그러자 미국 내에 흑인들은 백인우월주의에 희생당했다며 인종 차별주의를 철폐하고 경찰의 강압수사를 철회하라는 시위를 벌이고 있었다. 그러나 대부분의 흑인들은 그 사건을 정치적으로 이용하지 말라고 요구했다. 심지어 백인 경찰에게 잔혹하게 죽은 조지의 형도 동생의 죽음을 정치화하는 것에 반대하며 이것을 빌미로 경찰 해체 수단으로 사용하지 말라고 했다. 왜냐하면, 경찰이 약화되면 오히려 더 많은 양민이 죽는 현실을 알기 때문이었다. 다시 말하면 대다수의 흑인 양민들은 오히려 공권력을 가진 경찰로부터 보호를 받고 있다며 그 증거로 조지 사건 이후로 경찰의 진압이 약화되는 틈을 타서 범죄가 250%나 상승했다고 했다.

결국, 경찰의 과잉진압으로 소수의 불이익을 받는 자가 있지만, 다수는 범죄로부터 보호를 받는 사회 현실이 분명함에도 소수의 이익단체가 정의를 위해 공권력 약화를 부르짖는다. 이는 결국 집단 이기심에 불과하다. 이처럼 사건이 백인우월주의라는 정치적인 이슈로 이용되자 월 스트리트 저널은 2019년 통계를 제시한다. 통계에 따르면 흑인 인구는 미국의 전체 인구의 13%밖에 되지 않지만, 살인범은 53%, 절도범은 63%이다. 경찰이 진압과정에서 발생한 총격 사상자 중에는 흑인이 9명, 백인이 19명이다. 실제로 백인이 더 많이 죽었다. 또한, 경찰이 총을 가진 흑인 범죄자에게 살해된 비율이 무려 20배에 달했다. 이처럼 범죄자로부터 경찰이 훨씬 더 많이 죽는다는 통계를 제시했다.

그러자 인권을 앞세우며 시위를 주도하는 흑인들은 인종 차별의 증거로 흑인이 이처럼 범죄율이 높고, 학력이 낮고 저임금에 종사하고, 빈곤율이 높은 것이라고 주장했다. 그러나 흑인의 계몽 우파세력은 이런 것을 사회 탓으로 돌리지 말고 단지 가정에 문제가 있다는 것을 직시하라며 다시 통계를 들이댄다. 미혼모의 비율이 흑인은 77%, 백인 30%, 라틴계 50%임을 제시했는데 결국 흑인 가정에는 압도적으로 아버지가 없다는 사실을 보여준다. 우리나라 대권 주자의 말처럼 자식을 낳는 것이 중요하지 않다. 자식을 잘 키우는 것이 더 중요하다. 자식을 잘 키우려면 어머니가 아니라 바로 아버지다운 아버지가 있어야 하는 것이다.

영성가 존 엘드리지는 결국 바른 남성적인 에너지가 세상을 올바르게 가도록 만든다고 한다. 총기를 난사하는 흉악범도 있지만 반면에 그런 악당으로부터 사람을 구하려고 뛰어드는 것도 남자라며… 세계를 파멸로 몰아가는 나치가 있다면 그런 악의 세력과 맞서 싸우며 기꺼이 목숨을 걸고 전쟁에 참여하는 것도 남자다.

사실 현대 여성이 각 분야에서 남성을 정복했다고는 하지만 오히려 약해진 남성 때문에 여자는 오히려 더 위험한 세상에 직면하고 있다. 왜냐하면, 남자의 권위가 실추되어 마냥 기울어진 운동장에는 악당만 들끓고 있다. 폭력적인 힘으로 제압하는 악당을 어떤 여자도 이겨내지를 못한다. 악당을 이기는 것은 오로지 정의로운 남자뿐이다. 그런데 자칫 인권이니 민주니 하면서 남성성이 약화되고 오히려 악한 세력만 키워나가는 것은 아닌지 생각해봐야 한다.

20세기는 인류 역사 이래로 억눌린 여성 인권 회복 시대였다. 불과 단 1세기 만에 여성천하를 이룬 쾌거지만, 미국은 이처럼 지나치게 여성 중심 사회로 기울어진 운동장을 다시 돌게 해달라는 기도 모임을 하건만 우리나라 정치는 남녀 편 가르기 선동을 하며 자기 입지만을 굳히려 한다. 세상은 점점 더 악해지고 그 어느 때보다도 나라를 이끄는 지도자가 무엇을 보았는지가 중요해진 시점이건만…

9
악당만 난무한다

2023년 5월 미국 텍사스주 댈러스 쇼핑몰에서 총기 난사 사건이 벌어졌다. 수많은 사람이 밀집되어 쇼핑하는 장소에서 느닷없는 총기 난사로 무려 8명이 죽었는데 대부분 여자와 아이라고 한다. 그 쇼핑몰에서 경비원으로 일하던 20대 남성이 무슨 이유로 그런 일을 저질렀는지 알 수는 없다고 했다. 또한, 최근에 여자들이 데이트 폭력에 시달린다고 한다. 데이트를 하던 중에 남자가 여자를 폭행했다는 기사가 자주 오른다. 예전에는 주로 동네 건달이나 악당이 범죄를 저질렀다면 요즈음은 주변에 평소에 친숙하게 지냈던 남자들이 순식간에 악당으로 돌변하면서 약자를 공격한다.

이런 현상에 대해 존 엘드리지는 그의 저서 『마음의 회복』에서 다음과 같이 말한다.

"현대 사회는 소년은 있지만, 남자가 줄고 있는데 그 이유는 두 가지다. 현대 사회가 소년을 남자로 성장시켜가는 방법을 모르거나 아니면 소년을 진정한 남자로 성장시키기를 원하지 않을지도 모른다는 사실이다. 현대인은 소년을 사회화시키는 과정에서 난폭하고 거칠고 격정적인 것까지 없애려 한다. 다시 말하면 남성적인 것은 말살시키고 여성적인 것을 가까이 함께하려는 것이다. 하지만 남성적 에너지와 경쟁심과 대담함이 이 세상을 올바르게 굴러가도록 큰 역할을 한다는 단순한 진리를 잊고 있다.

연약한 아이들에게 총기를 난사하는 흉악범도 있지만 그 아이들을 구하기 위해 뛰어드는 것도 남자다. 노예 제도를 근절시키기 위해 전쟁 속에서 죽어간 것도 남자들이다. 타이타닉이 침몰할 때 여자와 어린아이를 먼저 구하는 것도 남자다."

그런데 남자에게 여자처럼 살라면서 20세기 전후로 거세게 불어닥친 페미니즘으로 여자의 지위는 올라갔다. 그 결과 여자들이 원하는 살림하는 남자, 요리하고 자식들 돌보고 아내의 비위를 맞추며 꼬리를 흔드는 푸들 강아지처럼 변해버렸다. 결국, 단 1세기 만에 남자를 여성화로 만드는 일에 성공한 것 같지만, 약자를 보호하는 남성성을 가진 남자는 사라져 버렸다. 반면에 통제할 수 없는 난폭하고 거친 악당만 남아 오히려 신체적으로 연약한 여자를 위협하는 것은 아닐지….

인류학자 데이비드 길모어는 진정한 남자다움은 단지 해부학상의 남성성과 다르다고 했다. 그러나 생물학적으로 거친 남성성이 성숙하려면 저절로 얻어지는 것이 아니라 훈련을 통해서 길러져야 한다고 했다. 이러한 관점에서 사회는 아들을 정의와 공의로 남자답게 행동하게 키워야하는 이유를 위기에서 가족과 나라를 구하기 위해서라고 한다. 진정한 남성성은 그런 위기 속에서 모든 것을 걸고 위험을 감수하고 부름을 받을 때를 대비하여 미리 연습해야 한단다. 그래서 평화 시에도 남자답게 행동을 하도록 훈련을 받아야 한다고 했다.

흔히 남자는 나라를 구하고 여자는 가정을 구한다고 했다. 그래서 역사 속에 남자는 언젠가는 자기 민족을 위해 희생할 날을 기다린다고 한다. 가슴 깊은 곳에서는 나라를 구하고 싶은데 가정을 구하라니까 요즈음 남자들은 혼란스럽단다. 국력이 약해지면 가정도 약해진다. 아무리 여자가 남자와 다를 게 없다고 주장을 해도 사회는 남자가 아니면 안 되는 일이 너무도 많다.

남자는 여자보다 육체적으로 우월한 위치에서 전쟁하고, 안락한 가정을 떠나 대륙을 횡단하고, 들짐승을 포획하며 세상을 발전시켜 나갔다. 세상이 변했다지만 오늘날도 마찬가지다. 인류 역사상 한 번도 전쟁이 그친 적이 없는 세상이다. 2차 대전 이후 이념의 갈등을 넘어 평화를 부르짖었지만 최근 들어 러시아가 우크라이나를 침공하면서 지구촌에 세계 전쟁을 예고하기도 한다.

과학 문명이 발달했지만, 고층 건물에 대한 위험은 그만큼 커지고 불특정 다수를 향한 테러가 빈발하고 있다. 편리한 만큼 그만큼 위험 요소가 늘어난 것이다. 결국, 어떤 세상이 와도 남자는 전쟁에 먼저 차출되고, 불길이 휩싸인 건물에 들어가고 테러범과 맞서 싸워야 한다. 그래서 오늘날도 위험 직업으로 사망하는 사람의 94%가 남자란다. 아무리 과학이 발달하고 첨단 장비가 있다지만 결국 남자는 위험 속에 뛰어들어야 한다. 그래서 문명이 발달하고 번성하려면 필요한 상황에 남자답게 행동하는 남성이 당연히 필요하다고 한다.

더구나 열 사람이 한 명의 도둑을 못 잡는다고 한다. 히틀러와 같은 악당이 나오면 수천만 명이 죽는다. 히틀러도 한 아버지의 아들이었다. 그는 엄마가 유대인 남자와 관계를 맺었다는 앙심을 품고 유대인 600만 명을 공중의 재로 날려버렸다.

10
유튜브 아빠

요즈음 대한민국 아버지는 요리하고 아기를 업고 장을 보는 유튜버가 대세인 것에 반해 미국에서 인기를 끄는 유튜브가 있다고 한다. 바로 50대 미국 남성이 만든 〈유튜브 아빠〉라는 프로그램이란다. 채널 개설 두 달 만에 구독자가 230만 명에 이르렀다.

2020년 6월 21일 미국의 대표적인 인터넷 매체 허핑턴포스트는 워싱턴 주 시애틀에 사는 유튜버 롭 케니를 소개하며, 그 채널이 이처럼 인기를 끄는 이유는 바로 오늘날 '아빠다운 아빠의 부재'가 빚어낸 시대적 현상이라고 해석한다.

56세인 롭 케니는 〈아빠 이건 어떻게 해요?〉라는 질문을 시작으로 일상에서 부딪치는 문제를 아빠가 자녀들에게 하듯, 자상하게 알려준다. 이른바 '대드바이스'(Dad+advice) 우리말로 아버지의 충고다.

20여 개 동영상에는 선반 만드는 법, 막힌 배관 수리법, 면도법, 자동차 수리법 등이 소개돼 있다. 특별할 것이 없어 보인다. 그런데도 사람들은 〈유튜브 아빠〉에 열광한다. 심지어는 나이 든 어른들도 그 영상을 보면 향수에 젖으며 댓글을 단다고 한다. "다 큰 내가 이걸 보면서 훌쩍훌쩍 울고 있다니" 아마도 남자들은 지난 1세기 동안 잃어버린 남성성에 대한 향수일 것이다.

케니는 "내가 동영상에서 가르쳐주는 것은 어릴 때 아버지에게 배우지 못했던 것, 그래서 아버지가 가르쳐주길 바랐던 것들"이라고 말했다.

케니의 부모님은 케니가 14살 때 이혼을 했다고 한다. 그러나 아버지가 자식 양육에 관심이 없어 케니는 여동생과 함께 형 집에 얹혀살았다고 한다. 형은 케니를 잘 보살펴 주었지만, 아버지의 빈자리를 채우진 못했다고 한다. 그래서 '내 자식에겐 이런 아픔이 없도록 하겠다고 그때 결심했다'고 한다.

현재 두 아이의 아버지인 그는 큰딸의 권유로 유튜브 동영상을 만들게 되었다고 한다. 특히 면도법과 넥타이 매는 법을 담은 영상이 화제가 됐었다. 이처럼 소소한 것에 감동할 만큼 현 사회가 아버지의 부재에 대한 갈급함을 보여주는 것 같다. 케니는 공영라디오의 인터뷰에서 사람들은 내가 넥타이 매는 것만 봐도 눈물이 난다고 말하는 것에 스스로 놀라워하면서 그 이유를 이렇게 설명했다. "많은 사람이 아버지를 잃었거나, 아버지와의 관계가 좋지 않아 그런 것 같습니다. 과거처럼 아버지와의 강한 유대감을 갈망하는 사람들은 많지만, 현실에서는 결코 채울 수 없기에 더 그런 것 같습니다. 그래서 단순히 구두 닦는 법, 악수하는 법뿐 아니라 누군가의 눈을 들여다보는 법 같은 것도 알려주고 싶습니다. 아버지가 된다는 것은 무언가를 수리하고 고치는 것 이상의 훨씬 더 많은 의미가 있습니다."

그러나 케니는 그저 단순 기술을 알려주는 것으로는 한계가 있다면서, 진짜 아버지와의 관계 정립이 더 소중하다고 했다. 케니 자신도 아버지를 용서했고, 2015년 아버지가 세상을 떠날 때까지 꾸준히 만나며 관계를 회복했다고 말했다.

아빠다운 아빠의 부재… 디지털 정보화 사회라며 세상은 온통 가르치는 사람들로 북적대면서 아빠의 자리를 대신한다지만 성숙함에 이르게 하지는 못한다고 한다. 다시 말하면 동행하며 실패와 좌절을 함께 경험하며 성숙으로 이끄는 아빠가 없다는 것이다. 거기다가 최근 우리나라는 대부분의 관계 지향적인 여자의 논리에 따라 아빠가 엄마처럼 요리하고 자식들과 놀아주는 것이 대세라지만 남자는 관계성보다 사물에 대한 사랑이 전부다. 그래서 융은 무역, 정치, 기술, 학문 등은 남성적 응용영역이라고 한다. 남자는 그 자체를 집중적으로 분석하고 논리적으로 정립하는 것을 좋아하는데, 여자들은 이런 것들을 쓸데없는 짓거리라고 비하하고, 심지어는 장애라고 여긴다. 왜냐하면, 여자는 사물 자체를 알기보다는 어떻게 느끼는지를 아는 것이 중요하게 느끼기 때문이란다. 어떤 강사의 강의를 들을 때도 강의 내용을 분석하면서 객관적인 종합성, 약점과 강점 등에는 별로 관심이 없고 그의 개인적인 매력, 말을 잘하는가, 넥타이를 잘 맺는가와 같은 개인적이 호감에 더 집중한다고 한다.

흔히 엄마는 관계 지향적인 사랑 타령하지만 진짜 아버지의 사랑은 감상이 아니라 세상을 살아가는 방법을 강인하게 키워주는 것이다. 흔히 여자들은 아빠를 향해 '돈만 벌어주면 아빠 노릇 다 한 거냐?'라면서 가족 간 관계를 들이대지만, 아빠는 돈을 벌어 가족을 먹이는 것이 가장 큰 역할이다. 그것만 잘해주는 아빠를 존경하고 왕 대접해주면 아빠는 더 열심히 일할 것이다. 남자는 오로지 존경에 반응한다고 에머슨 에거리치의 저서 『속 터지는 엄마, 억울해하는 아들』에서 말하지 않던가?

예전에 우리나라 어머니는 전통적으로 아버지 밥상을 따로 차렸다. 그런데 아들이 사춘기를 지나면 아버지와 겸상하게 했다. 그리고 이때부터 아들을 존대하여 명칭을 '자네'로 칭하고, 지시 같은 용어를 사용할 때 명령어보다는 '하게나, 해주게' 등의 반존대를 사용했다. 그렇다고 아들은 그런 어머니를 무시하지 않았다. 오히려 그런 어머니의 기대에 부응하는 아들이 되려고 노력했다. 더구나 가부장적인 아빠의 위세에 눌려 사는 엄마를 지켜주어야 한다고 생각하고 때론 아빠와 맞서기도 했다. 왜냐하면 어머니가 가족을 위해 희생한 것을 알기 때문이다. 이처럼 아들이 소년일 때는 엄마의 치마폭을 떠나지 못하지만 남자가 되어서는 엄마를 연약한 여자로 보호하려는 마음이 든다고 한다. 결국 아들은 소년일 때는 어머니의 무조건적인 사랑에 반응하고 사춘기를 지나 남자가 되면 존경에 반응한다고 한다.

또 아들은 가족을 이끄는 가장이 되면 그때 아버지가 생각이 난다고 한다. 사회에 나가 모든 자존심을 버리고 오로지 가족을 위해 돈을 버는 것이 얼마나 힘든지 알면서 아버지를 기억하고 유튜브 아빠처럼 미웠던 아빠를 그리워하게 되는 것이다. 그래서 남자는 늦게 철이 난다고 한다.

11

아버지와 멘토의 가르침 차이

요즈음 힐링 멘토를 찾는 사람이 급증하고 있다. 최근에 중년 이후의 여자들이 멘토를 찾아 열광하지만, 청년들이 열광하는 트위터 대통령으로 추앙받았던 사람이 있었다. 이미 고인이 된 이외수 씨다. 20여 년 전에 이미 그의 추종자가 200만을 넘었으니 그의 정치적 영향력은 그만큼 컸다. 그래서 선거 때만 되면 후보자마다 그를 찾아 머리를 조아리며 한 수 가르쳐 달라고 했다. 그는 소설가라지만 그런 인기 여세로 연예인처럼 텔레비전 출연을 하고, 광고 출연도 했다. 그런 인기를 의식해서인지 강원도 지자체에서 집을 무상제공 받기도 했다. 물론 소설가인 만큼 한국사에 길이 남을 대작을 내라는 배려였다고 한다. 그러나 그는 이후로 그토록 바라던 대작을 못 내고 오랫동안 병석에 누워있다가 세상을 떠났다. 이제 그를 기억하는 사람은 없다. 쉽게 더워지고 그만큼 빨리 식는 세상인심이다.

한때 소통령으로 인기를 누렸던 그가 바람처럼 사라졌지만, 현자를 찾아 열광하는 청년층의 이외수 현상은 점점 심해지고 있다. 더구나 SNS나 트위터 등을 통한 소통에 빠져들며 아버지는 멀리하며 대세라는 사람을 쫓는 오늘의 현실이다. 반면에 아버지는 자식을 위해 열심히 일해서 가르쳤다. 부모가 자식을 열심히 가르치는 이유는 세상 지식을 쌓아 분별력을 키워 사람을 좇지 말고 자기만의 인생을 완성하라고 했건만. 아버지도 살아보니 청년 시절에 그런 한때의 바람에 현혹되어 배울 기회를 놓친 것을 가장 후회한다며 제발, 너만큼 그렇게 살지 말라며 뼈 빠지게 일하며 가르쳤건만. 하지만 어찌 된 일인지 요즈음 자식들은 그런 사람의 말은 절대자의 말처럼 추종하며 정작 아버지와는 말이 통하지를 않는다고 피하기만 하니….

베이비부머, 자식들에게 참으로 물색없이 쏟아부었다. 이유는 단 하나 내가 없어서 못 배운 한을 남기지 않기 위해 자식 교육을 위한 것이라면 전부를 걸었다 해도 과언이 아닌데…. 오로지 자식의 미래를 위해 온몸이 으스러지도록 일을 하느라 야근을 밥 먹듯 하고, 상사의 갑질에도 두 눈 질끈 감고 참아내며 살아왔건만….

그럼에도 이처럼 자식에게 대접받지 못하는 베이비부머, 그렇다고 예전에 아버지처럼 배우지 못한 것도 아니다. 다른 어떤 세대보다 많이 배웠고, 나라 경제부흥에 편승하며 경험도 풍부하다. 그렇다고 공부만 하라고 강요하지 않았다. 무조건 하라고만 윽박지르던 가부장적인 아버지에 대한 상처가 뼈에 사무쳐 자식만큼은 내가 먼저 이해하고, 어느 누구에게도 기죽게 하지 않고, 하고 싶다는 것은 무엇이든 해 주려 했는데…. 어느새 자식도 사춘기를 지나 철 좀 드나 해서 그동안 하지 못한 잔소리를 하면 눈에 불을 켜고 대들고, 집을 나가고…. 수년 전에 지방에 사는 한 여학생이 인기 아이돌 공연을 보기 위해 서울로 올라가겠다는 것을 아버지가 막자 자살을 했다는 기사까지 보며 이 시대에 아버지라는 이름을 다시 생각하게 한다.

비록 바쁘게 사느라 함께 해준 시간은 많지 않지만, 누구보다도 자식을 많이 사랑하고 물색없이 베풀었건만, 그래도 불만이 많다니 이제 터놓고 대화 좀 하자고 하면 대화가 안 된다며 피한다. 그런 자식에게 도대체 아버지가 이외수보다 못한 게 무어냐고 반문해 본다. 그도 한때는 세상이 자신을 알아주지 않는다고 분노했다고 한다. 그러나 진정 위대한 작가는 암흑기에 대작을 낸다고 한다. 좋을 때 날뛰고 힘들 때 망가지는 것은 누구나 하는 것이다. 그러나 아버지라는 이름으로 자신이 하고 싶은 것을 포기한 것도 많았던 아버지로 살았건만… 인제 와서 그런 아버지를 이해하지 못한다는 자식….

어쩌면 급격한 경제성장과 물질 만능주의 젖어 자식에게 바른 가치관을 심어주지 못한 부모의 탓도 있다. 하지만 이제라도 부성을 상실한 채 세상을 겉도는 아들과 동행하면서 정체성을 찾아 주어야 할 때가 아닐지? 현대인이 지식적으로 누구보다 많이 안다고 자부하지만 이런 시류에 휩쓸리며 정작 자신은 잃고 만다고 한다.

칼 융은 말한다. 인간은 자기 자신만의 삶을 산다고 하지만 시대마다 뜨는 사람을 대변하고 그들의 생각에 지배받으며 살고 있다고 한다. 그러니 대부분의 사람들은 세계라는 극장 무대에서 주로 대사 없는 단역 배우 역할을 해 오면서 스스로 주인공이라 착각을 한다고 한다.

오늘날과 같은 개별적이고, 과학시대에도 타인의 의견에 현혹되어 자신의 운명을 맡기고 있는 현실을 대변한다. 인간이 과거보다 더 많이 배우고 정보화 시대라지만 오히려 사람을 좇는 현상이 심화되고 있다. 그러나 2천 년 전 사도 바울이 했던 말이다. 가르치려는 자는 많으나 아버지 된 자는 많지 않다고. 예나 지금이나 아버지를 멀리하고 가르치는 자를 쫓는 것은 변하지 않는 모양이다.

아버지와 멘토의 차이는 단 하나다. 멘토는 자신이 가진 스펙이나 업적을 내세우며 나를 따르라고 하고 아버지는 너의 인생을 살라고 하는 것이다. 멘토는 너는 무엇이든 할 수 있다고 추켜세우지만, 아버지는 부족하다며 겸손을 가르친다. 그래서 아버지는 느리게 가는 원칙을 가르치고, 멘토는 빠르게 치고 나가는 기술을 가르친다. 이유는 아버지도 청년기에 그런 바람 같은 멘토를 따라다니다가 실패했다는 것을 체감한 유일한 혈육관계이기 때문이다. 나처럼 살라는 멘토가 아니라, 나처럼 살지 말라는 아버지의 가르침으로 자기 인생에 주인공이 되어보는 것은 어떨지….

12
손흥민 아버지

부모 된 자는 손흥민을 바라보면 한결같이 말한다. '저런 아들을 둔 부모는 얼마나 좋을까?' 그가 세계적인 유명한 축구선수이기도 하지만 그의 성품에 열광한다. 그런데 그런 아들을 키운 사람은 바로 아버지 손웅정이다.

손흥민 아버지 손웅정은 축구선수로는 단신인 167센티이지만 스피드와 기술로 명지대에서 최고의 공격수로 있다가 실업팀 현대에 입단하여 국가대표까지 되었지만 28살에 부상으로 은퇴한다. 하지만 그는 부상으로 축구를 못하게 된 것보다 자신이 공을 다루는 실력이 부족한 것이 더 불만이었다고 한다. 그러면서 비록 선수로서 너무 일찍 끝이 났지만, 차세대만큼은 자신이 걸어온 길로 가르쳐보겠다는 다짐을 한다. 그는 그 방법을 배우기 위해 스페인 독일 브라질로 가서 유소년 시스템을 배운다. 그는 그곳에서 자신이 볼을 잘 못 다루었던 이유를 찾아낸다. 그곳의 유소년 훈련방식이 우리나라 훈련방법과 달랐다는 것을….

그래서 프로축구선수를 꿈꾸는 아들 손흥민이 15살이 될 때까지 한국에서 흔히 하는 훈련과 전혀 다른 훈련을 시킨다. 그는 4가지 원칙을 세워 집중한다. 첫째 기본기를 다진다. 당시 한국 유소년 훈련은 오로지 눈앞에 승리에만 집중했다. 다시 말하면 기본기를 익히기보다는 입상에 집착하는 기법 위주의 훈련방식이었던 것이었다. 그래서 그는 아들 손흥민을 16살이 될 때까지 시합에 내보내지 않았다. 그리고 매일 양발 슈팅

1,000개를 시키고 이단 줄넘기를 수천 번씩 시켰다. 8년 동안 오로지 이 기본기만 반복했다.

손흥민은 8살에 축구를 시작해서 첫 시합을 뛰기까지 8년이라는 세월 동안 오로지 아버지가 지시하는 기본기만 반복 연습했다고 한다. 그러던 어느 날 우연히 날아온 공에도 몸이 즉각 반응하는 자신을 보았다고 한 다. 다시 말하면 도를 닦던 자가 하산할 때를 몸이 알려준 셈이다. 공의 방향을 머리로 점치며 이리저리 몸을 움직이게 하는 것 아니라 몸이 알 아서 움직이는 단계가 되었다면 경지에 오른 것이다.

결국, 훈련이란 기본기를 다지는 것이다. 기본기가 다져지면 창의적인 기교는 그때부터 저절로 만들어지는 것이다. 그런데도 우리나라 교육은 기본기를 건너뛰고 기술이나 기교부터 가르쳐서 가시적인 성과에 집착 하지만, 결코 성공하지 못한다. 더하여 기본기를 다져야 할 때 기교만 가 르쳐서 잠재적인 재능마저 빼앗고 마는 것이다. 그래서 인간의 발달 과 정은 눈에 보이는 계단식 상승이 아니라 오랜 바닥 다지기 끝에 폭발적 으로 튀어 오르는 것이다. 특히 아들의 발달 과정이 그렇다. 기본기에 충 실한 바닥 다지기를 잘하면 이후로 저절로 잘 자란다고 한다. 대부분 사 춘기 전까지 이런 기본기 훈련이 필요하다.

모죽이라는 대나무는 5년 동안 3센티밖에 안 자란다. 그러나 5년이 지 나고 나면 비로소 하루에 30센티씩 자란다. 문제는 5년 동안 전혀 자라 지 않는 모습을 지켜보면서 버티지를 못하고 잘라버린다. 그래서 눈에 보이지 않는 단순 기본기를 끝까지 해내기가 너무 어렵다. 주식으로 말 하면 시세가 분출하는 시점이다. 바닥 다지기를 오래 한 주식일수록 시세가 분출하면 단숨에 수십 배로 뛰는 것과 같다.

사람마다 타고난 재능이 다르지만 가는 방법은 같다. 운동이든, 지식이든 학습기에 기본이 완전하게 다져지면 다음 단계는 그 기본기의 자체 힘으로 무한정 상승하는 것이리라. 그런데 기본기를 다지지 못하고 상위 레벨로 올라가려 하니까 모든 것이 힘들어 몸이나 정신에 무리가 온다.

어쨌든 이런 원칙으로 손흥민은 눈이 오나 비가 오나 하루도 거르지 않고 반복된 훈련을 8년 동안 해낼 수 있었던 것은 바로 아버지가 함께 했기 때문이었다. 아버지는 네가 하면 나도 한다는 원칙을 지키며 아들에게 지시만 하지 않고 함께 했다. 그것이 바로 행동촉진 효과다. 아들은 일반적인 지시보다는 함께하는 것에 더 성과가 크다고 한다. 그래서 손흥민은 아버지가 하니 내가 하지 않을 수 없었다고 고백한다. 아버지가 못한 것을 이룬 아들, 그 아들은 아버지를 이렇게 설명한다.

"스승이고 선생이고 내게는 세상에 단 한 분인 아버지, 그 아버지가 없었으면 나도 이 자리에 없었다. 물론 그 아버지가 없었으면 세상에 존재하지도 않았을 내겐 단 한 분인 아버지."

그래서 영이 서로 소통한다고 하는 것이다. 굳이 말하지 않아도, 굳이 세상에서 가장 잘나간다는 전문가를 앞세운 고액 과외를 하지 않아도 함께 하는 아버지만 있다면 아들은 아버지의 마음을 읽고 따라와 준다고 하는 것이다. 이처럼 함께 행동해야 하니 아들 키우기가 어렵다고는 하지만 길을 알면 방법도 알게 되지 않을까?

13
남자를 이끄는 두 가지 힘

남자가 남자로서 성공하려면 두 가지 힘이 있어야 한단다. 아버지의 가르침과 가족의 간절한 기도다. 아버지는 아들에게 정의와 공의를 가르치면서 세상의 악과 싸우는 훈련을 시키라는 역할을 수행해야 한다. 다시 말하면 사도 요한은 요한 1서를 통해 젊은이들은 하나님의 공의와 정의를 알고 세상에 악한 세력과 싸워 이기는 역할을 수행해야 한다고 했다. 그것은 태어날 때 마음에 심겨 있다고 한다. 하지만 세상에 만연한 온갖 악의 유혹은 남자를 자극하면서 마음에 있는 정의감이 제대로 발현되지 못한다.

더구나 세상이 놀랄 만한 재주가 있는 아들이라면 그만큼 유혹이 많고, 본인도 자만에 빠지기 쉽다. 그래서 솔로몬도 잠언을 통해 아들에게 두 가지를 당부한다. 첫째 '지혜를 적극적으로 추구하여 겸손하라', 둘째 '여자를 조심하라'이다.

"아들아 지혜가 네 마음에 들어가고, 지식이 네 영혼을 달콤하게 만들 것이다. 지혜만이 분별력으로 너를 지키게 해주고, 총명이 너를 보호할 것이다. 또한, 지혜는 부도덕한 여인에게서 혹은 바람난 여인의 매끄러운 혀에서 지켜 줄 것이다. 아들아 너는 그런 여자의 아름다움을 탐내지 말고 그 눈길에 매혹당하지 마라. 왜냐하면, 결국 그 여자 때문에 빵 한 조각을 구걸하게 되고, 너의 목숨까지 위협당할 것이다."

무려 3천여 년 전에 쓰인 잠언서이건만 아들의 현실은 오늘날과 다르지 않다.

아들을 세계적인 스타로 만든 손흥민 아버지는 남자로서 아들이 성장해 가는 동안 이런 유혹이 만만치 않음을 익히 알고 있었다. 그래서 아들 손흥민에게 책을 읽도록 강요했다고 한다. 다시 말하면 8년이라는 긴 세월 동안 기본기로 육체를 단련시키면서 정신 단련을 병행해 나간 것이다. 그런데 그냥 책을 읽으라고 지시한 것이 아니라 자신이 먼저 읽고 밑줄과 코멘트까지 달고 읽게 했다고 한다. 그러기 위해서는 아버지는 일 년에 100권 이상을 읽고 그중에서 적어도 30권을 선별하여 아들이 읽도록 했다. 그에 의하면 책을 통해 성실, 겸손, 예의, 성실, 배려 등을 배울 수 있으니 굳이 따로 말하지 않아도 스스로 알게 되는 것이다. 운동에 재능이 있는 꿈나무는 차고 넘친다. 그러나 끝까지 고지에 도달하지 못하는 것은 정신력이다. 정신력 훈련은 바로 세상의 지식을 습득하는데 결국 아버지가 이끈다는 사실이다.

손흥민 아버지는 손흥민에게 먼저 기본기 연습과 두 번째로 책 읽기를 통해 육체와 정신을 단련시켰다면 3번째로는 끈기를 길러주었다고 한다. 손흥민이 프로를 꿈꾸게 하면서 하루도 쉬지 않고 뛰고 또 뛰게 했다고 한다. 그래서 아웃라이어의 일만의 법칙을 지켰다고 한다. 다시 말하면, 어느 분야에서 세계 수준에 전문가나 마스터가 되려면 1만의 시간이 필요하다고 하는 것이다. 1만의 시간은 대략 하루에 3시간, 일주일에 20시간 10년간 연습을 해야 한다고 한다. 그것을 지키면 반드시 목표지점에 도달한다고 한다. 그러나 대부분 이것을 지키지 못해 잠재적 재능 보유자가 그 재능을 사장시킨다고 한다. 다시 말하면 그 연습 룰을 지키면 반드시 도달한다는 말이다.

최선의 적은 차선이라는 미국 속담이 있다. 차선을 염두에 두지 않고 반드시 최선까지 가는 것을 의미한다. 그런데 대부분 사람들은 그 시간을 스스로 정하기에 끝까지 못 가는 것이다. 인디언 마을의 제사장은 기우제를 지내기만 하면 비가 오게 하는 것으로 유명했다. 그래서 사람들이 비결을 물으니 그는 비가 올 때까지 제사를 지낸다고 했다. 그가 제사를 지내서 비가 오는 것이 아니라 비가 올 때까지 제사를 지내니 그는 100% 성공률을 자랑하는 것이다. 또한 일등을 하기는 쉬워도 일등을 유지하기 어렵다고 한다. 다시 말하면, 반짝 스타는 많지만 이내 사라져 버리거나 때론 스타성에 취해 오히려 타락으로 빠져들어 평범한 삶보다 못한 삶을 사는 것을 종종 본다.

손흥민이 축구를 시작하는 8살 전후에는 아마도 또래 아이들에게 흔하게 나타나는 정도의 재능이었을 것이다. 그러나 현대 부모들은 그런 작은 재능에도 감탄하며 세계적인 선수를 꿈꾸며 전문가라고 자처하는 사람들을 찾아다닌다. 특히 남자인 아들의 심리를 모르는 엄마들은 그저 열정만으로 혹은 남과 다른 차별적인 고급 정보로 승부를 건다지만 아들은 스스로 하고자 하는 자기 확신이 먼저다. 그러나 그것이 확립되어도 고지에 도달하려면 이처럼 긴 여정이 필요하다. 또 고지에 도달했어도 순식간에 폐인이 되기도 한다. 한때 골프 황제였던 타이거 우즈도 결국 여자 때문에 몰락하고 만다. 이런 성향의 남자이기에 반드시 기도해 주는 사람이 있어야 한다. 손흥민 아버지는 아들의 신체도 관리하고 정신력도 이끌고 기도까지 했다.

그러나 모두가 손흥민처럼 되라는 것이 아니다. 오히려 이런 자기 자식이 그렇게 되기를 열망하며 그런 길을 추구하다가 평범한 길도 못 가는 경우가 대부분이다. 그래서 이렇게 부모에 의해 강압적으로 만들어진 아들은 대부분 사춘기 이후에 신경증적 장애가 걸린 경우가 많다고 칼 융은 설명한다. 남자는 자아가 형상되기 전에 타인에 의해서 강압적으로 만들어지는 것을 견디지 못한다고 한다. 스스로 의미를 찾아 스스로 움직일 때까지 기다려야 하는 것이다.

또한, 현대는 과거보다 아들을 유혹하는 것이 더 많다. 게임, 술, 여자, 그리고 마약 등. 여자보다 집중력이 강한 남자이기에 이런 유혹에 빠지면 중독도 빠르다고 한다. 세상은 점점 더 아들을 유혹하는 것들이 많아지고 있다. 이런 위기에 아들을 위한 기도를 해 주는 엄마가 필요하건만….

<u>14</u>
아빠는 아들을 훈련시키고 엄마는 기도하고

남자는 훈련의 기능이 우월하고, 여자는 돌보는 기능이 우월하다고 한다. 훈련에 능하다는 것은 무엇이든 스스로 겪게 하는 것을 의미한다. 우리는 흔히 지식을 이론과 경험을 통해서 받아들이게 된다. 학습을 통해 받아들이는 이론적인 지식과 직접 체험을 통해 받아들이는 경험적 지식이다. 예를 들어 뱀을 직접 경험한다면 뱀을 그저 동화책이나 혹은 설명을 통해 알게 된 지식보다 더 잘 알 수 있다. 뱀을 직접 경험하고 나서 뱀에 대한 상세한 지식을 배운다면 훨씬 쉽게 받아들이는 효과도 있다. 그래서 유년기에는 복잡한 주입식 설명보다는 먼저 직접 경험을 하면 학습기에 이론적 지식을 더 쉽게 받아들일 수 있다고 한다.

이와 같은 훈련의 기능이 우세한 아빠는 아들에게 다소 위험하기는 하지만 모든 경험을 직접 겪게 하려고 한다. 하지만 엄마는 어린 자식을 안전하게 돌보고 차근차근 가르쳐야 한다고 생각한다. 그런데도 과거에는 엄마가 자식 교육에 영향력을 미치지 못했기에 그저 아빠의 혹독한 훈련을 지켜보기만 했다. 그래서 엄마는 그런 아버지로부터 혹독하게 훈련을 받는 아들이 안쓰러워 그저 더 먹이고 입히며 따뜻한 잠을 자게 하면서 돌보려 했다. 그리고 낮 동안 아빠와 함께하며 상처받은 아들을 다독인다. 그저 네가 참고 아빠를 이해하라고. 그러면서 그런 아들에게 힘이 되어주지 못하는 자신의 미약함을 알고 오로지 하나님을 향해 기도했다.

베이비부머 세대는 가난했던 유소년 시대를 살면서 그런 가정의 구도를 쉽게 이해할 것이다. 당시 대부분의 아버지들은 자식들에게 엄하거나 혹은 무심했다. 엄마는 무슨 이유인지 그런 아버지를 비난하기보다는 동조하며 자식들에게 그런 아버지를 이해하라고 했다. 지금 생각하니 세상 밖에서 일하며 식솔을 먹여 살리는 것은 전쟁과 같은 일이었다. 그러니 매일 전쟁을 치르고 들어오는 남편에게 엄마가 할 수 있는 것은 그저 아버지가 방해받지 않고 편히 쉬게 하는 것뿐이었다. 남자가 창을 들고 나가 먹을 것을 취해 오면 요새의 역할을 하는 엄마가 가족들에 먹을 것을 해주며 모두에게 힘을 주게 한 것이다. 이런 가족의 역할에는 크고 작음이 없다. 비록 그때는 엄한 아버지가 두려운 존재이기는 하지만 따뜻한 엄마가 있기에 결코 두렵지 않았다.

훈련의 기능이 강한 아버지는 자식이 스스로 움직이게 하고 벼랑 끝까지 갈 때까지 지켜본다. 물론 엄마들은 자지러지게 놀라며 그런 아버지를 이해하지 못하겠다고 한다. 어쩌면 아버지는 위험 속에서 자식을 구해낼 수 있다고 자신하는지도 모른다. 독수리 새끼들의 훈련법은 혹독하다. 깎아지른 절벽 끝에 둥지를 튼 독수리는 새끼가 날 정도의 깃털이 생기면 그대로 절벽 아래로 밀어 떨어뜨린다. 그러면 새끼는 여린 날개를 팔랑대지만 제대로 작동이 되지 않아 그대로 바닥으로 추락한다. 그래도 아빠 독수리는 미동도 하지 않다가 어린 새끼가 바닥에 닿기 직전에 쏜살같이 내려와 새끼를 걷어 올린다고 한다. 그리고 둥지에 올려놓고 다시 밀어 떨어뜨린 것을 반복시켜 결국 제힘으로 날게 한다. 이처럼 미물도 스스로 비상하는 것을 배우지 못하면 영원히 날지를 못한다는 것을 알기에 그처럼 혹독한 훈련을 시키건만.

최근에 어린 자식들과 아버지가 함께 하는 프로그램이 많다. 그중에서도 〈슈퍼맨이 돌아왔다〉에서 샘의 아들, 윌리엄과 벤틀리의 성장 과정을 시청자들은 지켜보았다. 아버지 샘은 어떤 상황이 되어도 '안 돼'라는 말을 하지 않았다. 철없는 아들들이 자기 생각으로 크고 작은 사고를 쳐도 아빠는 바라보기만 했다. 아들이 최악의 보루까지 가도록 그대로 보고 있는 모습에 바라보는 시청자는 마음을 조린다. 물론 대부분 엄마 마음이다. 저 어린 것을 그대로 두면 안 되는데, 저러다가 사고나지, 저렇게 놔두면 안 될 텐데, 저렇게 아무거나 먹게 하면 안 되는데 하면서…. 돌보는 기능이 강한 엄마는 그저 내가 다 해 줄 테니 너는 가만히 있으라고 하고 아버지는 내가 있으니 해보라고 하는 차이다.

결국 남자인 아버지는 그 나이의 아들의 욕구를 알고 있기에 훈련이 가능한 것이다. 그러나 엄마의 입장에서 보면 아들의 이상행동이라 생각하고 무조건 막아서 보호하려 한다. 아무리 엄마가 아들을 사랑해도 아들의 성장 과정과 심리를 모르기 때문이다. 이유는 엄마가 남자가 되어 본 적이 없기 때문이다. 그럼에도 현대 엄마들은 정보력을 앞세워 아들을 가르치고, 지배하려 한다. 경험하지 못하고 오로지 지식으로만 가르쳐진 아들은 최고 학부를 나왔어도 피터팬이 되어 방구석에서 나오지를 못한다.

피터팬 신드롬은 몸은 성인이 되었는데 정신 연령은 유아기에 머물러 있으면서 자신은 최고라며 빗자루를 타고 하늘을 날아다니는 상상 속에 사는 것을 의미한다. 아들이 저지르는 문제를 해결하기 위해 엄친아니, 혹은 핼리콥터 맘이니 하는 소리를 들으며 온 정성을 다해 키운 아들이 왜 저러는지 알 수 없다고 엄마는 슬퍼한다.

엄친아라는 자부심에 마냥 취해 때마다 기도를 하지 않아서 그런 것일까?

15
21세기에 만연한 거짓말

　미국의 작가인 데이비드 머로우는 20세기에 만연한 가장 큰 거짓말은 남자와 여자가 전혀 다르지 않다고 가르치는 것이라고 했다. 사실 20세기에 들어 역사 이래로 억눌린 여성의 인권이 엄청난 속도로 발전했지만, 문제는 남성성이 약해졌다는 것이다. 그래서 인권과 평등을 부르짖던 미국인들도 그런 현상을 두고 고민에 빠졌다. 그래서 토크 쇼나 신간 서적에서는 '진짜 남자는 어디에 있는가?'라는 질문이 자주 나온다. 『마음의 회복』의 저자인 존 엘드리지는 이렇게 소리친다.

　"당신들이 남자에게 여자가 되라고 했잖소!"

　역사 이래로 억눌린 여성의 권위를 되찾았다고 해서 남성이 약해지는 상관관계는 무엇일까? 존 엘드리지는 "오늘날 사회가 남자로 성장시키는 방법을 모르거나 아니면 남아를 진정한 남자로 키우기를 원치 않거나"라고 두 가지로 설명한다. 그에 의하면 현대인들은 남아의 사회화 과정에서 형성되는 사회화 과정에서 발생하는 거칠고 격정적이고 때론 난폭해지는 것을 없애려고 한다고 말한다. 달리 말하면 남성적인 것을 말살하고 여성적인 것을 가까이하게 하는 교육제도 탓이다. 예전에는 부모가 자식을 양육했지만, 이제는 양육기관에 보내진다. 그러다 보니 오늘날에는 대부분 남아가 여자들에게 둘러싸여 성장한다. 생애의 첫 10개월

동안 엄마 몸 안에서 자라고, 태어나는 순간부터 엄마와 보모, 유치원 여교사, 이어서 초등학교 여선생까지….

남자와 여자의 뇌에 뇌량의 차이가 있다고 한다. 뇌량은 좌뇌와 우뇌의 연결 다리인데, 여자는 6차선이고 남자는 2차선이란다. 뇌량이 커야 읽기에 유리한데 남자가 난독증이 많은 것은 이처럼 구조적인 결함이 있기 때문이라고 한다. 언어를 관장하는 뇌도 여자가 크다고 한다. 당연히 여아가 남아보다 말을 유창하게 하는데 연구에 의하면 여아는 하루 평균 2만5천 개의 단어를 쓰는 반면 남아는 고작 7천 개 정도라고 한다. 그래서 여자는 언어의 세계에 편안함을 느끼고 모든 것을 의인화하는 기술이 탁월하다고 한다. 여아는 동그랗게 둘러앉아 인형 놀이나 소꿉놀이를 하면서 관계를 짓고 조잘대기를 즐겨 한다고 한다.

이렇게 타고난 구조로 인해 여아가 남아보다 사회성을 빨리 익힌다. 더구나 예전과 달리 아이들이 일찍 보육기관에 맡겨지고, 남아는 돌보는 여자 보육교사로부터 늘 문제아라는 식의 평가를 받는다. 자기표현이 안 되고 주어진 장난감을 가지고 사이좋게 놀기보다는 해체하려는 습성을 단순히 파괴 성향이 있다는 평가를 받을 수도 있다. 결국, 장난감을 빼앗기고 새처럼 조잘대는 여자 옆에 얌전히 앉아 있어야 하는 남아는 무기력증을 심하게 느낀다고 한다.

이렇다 보니 여자 양육자가 남아의 행동을 도대체 이해하지 못하므로 남아의 교육법을 고민하기보다는 남자 자체를 바꾸어 버리는 쉬운 길을 택한다며 라이오넬 타이거가 쓴 『남자의 몰락』에서는 이렇게 설명한다.

"남아들이 좋아하는 놀이 방법이 학교의 구조에 적절하지 않기 때문에 여아의 서너 배가 되는 남아들이 학교에 적응하지 못한다. 따라서 심리교사들이 ADHD를 진정시키는 약으로 리탈린을 처방한다. 하지만 남아는 테스토스테론이라는 남성 호르몬이 분비되어 공격적이고, 모험을 감수하고, 성에 관심을 갖게 된다. 그래서 남아는 여아에 비해 ADHD가 최대 9배까지 높게 나온다. 그러나 하버드 연구팀에 의하면 이 호르몬이 왕성하게 나올 때 규제를 하면 자존감이 떨어지는 것을 넘어 질병으로 진단을 받는다. 이 시대의 남아의 잘못은 그저 남아로 태어났다는 것뿐이다."

남아는 엄마 뱃속에 안착할 때부터 위협을 받는다. 엄마는 XX이고 아들은 XY이기 때문이다. 신체는 유전자가 다른 것에 거부 반응을 일으킨다. 남아는 엄마의 자궁에서 유전자가 다른 항원이 되어 엄마의 항체로부터 공격을 받는다. 그래서 남아의 유산 비율이 높다고 한다. 남자들은 태아에서부터 힘겹게 자신을 지켜내야 하는 운명을 타고나는 모양이다. 과거에는 남자다움을 인정받았던 시대를 살았는데 이제는 남자다움이 오히려 병자 취급을 받는 현실이다. 중격측좌핵의 반응으로 예쁜 여자에게 짓궂게 굴었다고 성추행자로 낙인을 찍고, 테스토스테론이라는 호르몬의 분비로 인한 과한 활동이 여자가 보기에 병적인 증상이라 여겨지며 무조건 리탈딘이라는 약을 주면서 남성성을 상실하게 하는 게 오늘의 현실이다.

역사 이래로 남성이 가진 것을 여자들이 차지하고 거친 남성성을 변화시켜 여성 취향으로 변했다고 해서 여자가 즐겁고 더 살 만해진 것은 아니다. 왜냐하면 남자와 경쟁해서 남자처럼 살았던 여자도 어느새 아들의 엄마가 되었다. 남자처럼 살기 위해 전부를 걸어 막상 남자를 이기고 보니 아들이 약해졌다. 불과 한 세기 만에 아들은 남성성이 상실된 마마보이가 되어 늙은 어머니의 치맛자락을 붙들어 늘어진다. 60 고개를 훌쩍 넘긴 어머니와 어느새 중년에 접어든 아들이 직업도 가지지 않고, 결혼도 하지 않고 집안에 틀어박혀 있단다. 그래서 여자는 고달프다. 남자와 경쟁하면서 살았는데 노년에 보니 남자인 아들이 약해져서 여자인 엄마의 마음은 다시 고통에 빠져든다.

16

보이(Boy)에서 맨(Man)으로

인류학자인 데이비드 길모어는 남자다움은 신체적으로 건강하고 정신적으로 성숙하다 하여 성장하면서 저절로 얻어지는 것이 아니라고 한다. 다시 말하면 남자다움은 방해물을 극복하는 과정을 통해서 강화되는 인위적인 상태를 의미한다고 한다. 그래서 스스로 남자가 되는 것이 아니라 누군가의 가르침이나 절대 사랑으로 만들어지는 것이라고 한다. 그런 과정을 통해 남자답게 키워지는 것은 가족과 국가가 위기에 처했을 때 부름을 받으면 의연히 나설 수 있도록 미리 연습하는 것이라고 한다. 그래서 평화로울 때도 남자답게 행동하도록 훈련을 받아야 한다고 한다.

인류 역사 이래로 가장 풍요로운 시대를 살다 보니 아들이 남자답게 키워지지 못했고 가정 내에 아버지의 권위가 바닥으로 떨어졌다. 그래서 이미 가정은 붕괴되고 남자다운 남자가 없어 결국 여자들은 위협적이거나 무능한 남자로 인해 고통을 받고 있다.

인간의 심리를 연구한 칼 융은 자기 본성대로 사는 것이 가장 건강한 심리를 유지한다고 한다. 그러나 20세기 이후로 현대인은 이런 역할에 대한 저항으로 대부분 신경증을 앓고 있다고 한다. 여자로 사는 것도 아니고 남자로 사는 것도 아닌 자기 갈등 속에 남자든 여자든 피해의식에 젖어 있다는 것이다. 물론 융은 남성에게 여성적인 것이 있고 여성에게도 남성적인 것이 있다 한다. 그러나 이런 것들은 본성의 그늘에 숨어져 있는 것으로 전면으로 나오면 미성숙한 양상을 띠게 된다고 한다. 결국, 자신이 가진 고유의 장점을 계발하지 않고 겉으로 드러나는 상대의 것을 빼앗으려 하니 둘 다 미성숙한 상태로 떨어진다는 것이다.

그래서 칼 융은 먼저 남자는 남자답게 여자는 여자답게 살라고 강조한다. 다시 말하면 그는 남자는 남자답게 키워지는 것이 먼저이고, 여자는 여자답게 키워지는 것이 우선이라고 한다. 그래야 중년 이후에 상대의 성의 특성을 이해하고 조화로운 인격 성장을 이룬다고 한다.

칼 구스타프 융은 무언가를 만들어내려는 창조력은 남자에게만 있다고 단정한다. 남자는 사물에 대한 사랑으로 문명을 이룬다고 한다. 그러면서 여자에게는 창조력이 없다고 단정하면서 남자가 국자를 만들어주지 않았으면 여자는 아직도 막대기로 수프를 젓고 있을 것이라고 한다. 간혹 남자 같은 창조력이 있는 여자가 있지만, 그것은 예외일 뿐이라고 한다. 이런 창조력을 가진 남자로 인해 인류는 과학뿐 아니라, 예술, 문학, 심리, 철학, 신학 등에서 수많은 업적을 이루어내 온 것이다. 물론 페미니스트들은 남자 중심의 사회로 인해 남자가 독식했기에 그런 결과가 나왔다고 주장해 왔지만, 여성이 남자와 동등한 교육과 기회를 받은 지 1세기가 훌쩍 지났지만, 창조 영역에서 아직 이렇다 할 여자의 업적이 나타나지 않고 있다.

MIT 공대 데이비드 페이지 교수가 이끄는 과학자들은 남성을 결정짓는 유전자 Y 염색체는 인간의 다른 어떤 유전자보다 훨씬 빠른 속도로 진화하고 있다는 연구를 〈네이처〉지에 발표했다. 이 진화는 600만 년 사이에 일어난 것으로 Y 염색체는 끊임없이 재건축되는 집처럼 유전자 재구축 작업이 지속적으로 일어나고 있다는 것이다. 그리하여 남성만 진화되면서 인류가 발전해 왔다고 주장했다. 그 이론이 사실이라면 오늘날처럼 아들이 남성성을 회복하지 못하면 인류 문명의 발전도 기대하기 어려운 것이 아닐까 생각한다.

그러나 남자의 창조력만으로 문명이 발달하는 것은 아니다. 아무리 크고 화려한 문명도 한순간 무너지는 역사는 반복된다. 이유는 문명을 이루는 남자가 있으면 문명을 파괴하는 것도 남자다. 여자에게 창조성은 없지만, 여자는 사랑으로 인간관계를 주도한다. 심리학자 엠마 융에 의하면 여자가 창조적인 꽃을 피우는 것은 인간관계라고 한다. 그래서 남자가 미래를 내다보게 하는 정신세계의 매개자가 되어 남자가 창조적인 일을 하게 한다고 한다. 결국, 남자는 무언가를 만들어내는 창조성에 특권이 있고, 여자는 인간에 대한 사랑으로 남자를 정의의 사도로 만든다는 소리다. 아주 단적으로 말을 하면 여자의 사랑이 없으며 남자의 창조성도 없다는 것이다. 결국, 부부라는 이름으로 자식이라는 생명체를 세상에 탄생시켰다면 먼저 아버지는 아버지답게 엄마는 엄마답게 역할에 충실하라는 것이다.

어떤 문명도 인간의 생명이 이어지지 않으면 소멸하고 만다. 더구나 세상은 점점 더 이기적이고 악해지고 있다. 그 어느 때보다 부부가 일심동체가 되어 자식을 바르게 키우는 데 전심을 다하는 것이 중요하다. 그것만이 부모도 살고 자식도 살고 나라도 더 나아가 세상도 사는 길이다. 세상은 바다와 같고 인생은 그 바다를 항해하는 배와 같다고 하지 않던가. 인생이라는 배가 거친 세상을 무사히 항해하여 목적지에 도달하려면 튼튼한 엔진과 방향을 알리는 방향키가 필요하다. 아버지는 앞으로 전진하는 엔진이고, 엄마는 방향의 주도권을 잡은 방향키라 하지 않던가.

요즈음 엄친아라는 이름으로 아들의 엔진을 방향성 없이 무조건 치고 나가게 하여 결국 길을 잃게 하는 것은 아닌지 모르겠다. 칼 융은 여자는 남자의 심리를 다 안다고 하지만 남자가 아닌데 남자를 어떻게 알며, 여자가 아닌데 남자가 어떻게 여자를 알겠느냐고 하건만….

끌고 미는

가족의 힘

"형제도 자식도 없이 혼자 사는 사람이 있었는데, 그는 쉬지도 않고 끝도 없이 죽으라 일만 하면서 살고 있다. 그래서 재산을 엄청 모았는데도 그는 도무지 만족하지 않는다. 사실 그는 그렇게 애써 수고할 목적이 없는데도, 만족을 모른 채 계속 재물만 좇고 있었다. 그는 도대체 누구를 위해 그처럼 아득바득 애쓰고 있는가? 그러면서도 왜 스스로 아무런 삶의 즐거움을 누리지 못하고 있단 말인가? 참으로 헛되고 허무한 일 아닌가? 참으로 이것 또한 헛되고 허무한 일이니, 그의 모든 수고가 부질없고 비참할 뿐이다.

내가 또 깨닫고 보니, 혼자보다는 둘이 더 낫다. 혼자서 애쓰는 것보다는 둘이서 함께 일하고 노력할 때 더욱 좋은 결과를 얻을 수 있기 때문이다. 둘이면 길을 가다가 그중 한 사람이 넘어지면 다른 한 사람이 얼른 자기 동무를 일으켜 줄 수 있다. 그러나 혼자 가다가 넘어지면, 불쌍하게도 그를 일으켜 줄 사람이 아무도 없다. 또 둘이 함께 자리에 누우면 금방 따뜻해지겠지만, 혼자라면 어찌 따뜻해지겠는가? 혼자서는 감히 맞설 수 없는 공격도 둘이서는 능히 맞서 이길 수 있으니, 무릇 세 겹 밧줄은 쉽사리 끊어지지 않는 법이다."

- 솔로몬이 쓴 지혜서인 잠언에서

17

나 혼자 산다고?

요즈음 나 혼자 사는 것이 대세란다. 사실 인간은 누구에게도 간섭받지 않고 제멋대로 살고 싶은 것이 본능이다. 더구나 먹고살 만해지니까 사람들은 그런 본능을 드러내며 그렇게 사는 사람들에게 열광한다. 특히 현대인은 본질과 어긋난 생각일수록 지지층을 넓히기 위해 세력화에 주력한다. 그래서 준비된 악이 준비되지 않은 선을 이긴다고 한다. 그것이 비본질이 본질을 지배하는 이유다. 다시 말하면 꼬리가 몸통을 흔드는 것과 같다. 시대라는 명분을 앞세워 전통적인 생각이 불합리하다고 몰아가는 그럴싸한 논리로 자기 생각이 분명치 않은 사람들의 생각을 지배하는 것이다. 최근의 미디어가 오로지 시청률에 올인하면서 그런 대중의 이탈심리를 부추긴다. 더하여 먹고 마시고 노래하고 춤을 추면서 오감을 부추기는 육체적 욕구에만 몰입하게 만들고 있다. 이처럼 자기 욕구에 충실하려면 당연히 결혼보다는 혼자 사는 것이 대세로 자리를 잡고 있다.

그러나 혼자서 청춘을 보내다가 중년에 들어서면서 심각한 사회문제를 일으킨다. 독신으로 살다가 늙어가는 사람들을 패러사이트(기생 동물) 싱글이라고 부른다. 이 용어는 일본의 마사히로 교수가 쓴 『패러사이트 싱글의 시대』라는 책에서 비롯되었다. 용어 그대로 숙주에 기대어 사는 기생충처럼 성인이 되어도 경제적으로 독립하여 분리되지 못하고 늙은 부모의 등골에 빨대를 꼽고 사는 자식을 말한다. 현재 일본은 이처럼 부모와 독립하지 못하는 중년 캥거루가 158만 명이나 된다고 한다. 그들은 변변한 일자리가 없고, 일자리가 있더라도 생활비는 부모에게 떠넘기고 자신이 하고 싶은 것만 하며 산단다. 이런 사람들을 '히키코모리'라고 부르기도 한다.

이런 '패러사이트 싱글'은 1990년대 일본 버블 경제 붕괴로 정규직 일자리가 급감하면서 시작되었다고 한다. 학교를 졸업해도 경제적 독립을 할 수 없고, 결혼할 능력이 되지 않는 젊은이가 부모에게 의존하다가 20여 년이 지난 오늘날 중장년층이 되었어도 독립을 하지 못한 상태 그대로 사는 것이다. 야마다 교수에 의하면 1990년대 초 부모에게 기생했던 25세 독신 중 3분의 1이 그 상태 그대로 50세가 됐다고 한다. 이제 그들의 부모는 60에서 80살에 접어들었고 20여 년 뒤 부모가 사망하면 중장년층 패러사이트 싱글들은 홀로 노년을 맞이해야 한다. 이제 세상에 더 이상 그들을 돌보아 줄 사람이 남아있지 않게 되는 것이다. 특히 남자는 관계 단절로 인해 외부 세계와 고립되면서 사회 불안 요소가 되기도 한다.

2019년 일본의 전직 정부 고위 관료였던 77살의 아버지가 44살 아들을 흉기로 찔러 죽이는 사건이 발생했다. 아버지 구마자와는 명문 도쿄대를 나와 농림성에 입사하여 차관까지 지냈고, 이후 2005년에는 체코 대사로 활동했다. 그런 구마자와가 44세 히키코모리 아들을 죽인 것이다. 당시 일본에서는 50대 남자가 등교하는 초등학생을 무차별적으로 흉기를 휘두르며 20여 명의 사상자를 낸 사건으로 사회가 혼란에 빠져 있었다. 그런데 구마자와도 아들이 근처 초등학교에서 들려오는 소리에 민감하게 반응하는 것을 보고 아들도 같은 짓을 할까 두려웠다고 한다. 그래서 그는 아들을 죽이고 담담하게 말했다고 한다. 자신이 죽기 전에 아들을 죽일 수밖에 없었다고….

패러사이트 싱글이나 히키코모리는 대부분 남자다. 여자는 나이가 들어도 사회적인 관계를 형성하는 것도 어렵지 않고 단순 일자리에 만족하는 경향이 있다. 그러나 남자들은 자기 역할에 만족하지 못하고 불안을 느끼면 급격하게 동굴로 숨어버린다고 한다. 관계가 단절되어 급격한 퇴행현상이 오면서 각종 사회문제를 일으키게 되는 것이다. 비록 젊어서는 누구에게도 구속받지 않고 자유롭게 살았지만, 노년에 접어들어 양육받을 가정이 없다 보니 조기 치매로 사회적 비용이 증가하기도 한다. 그래서 유럽에서는 독신세를 혹독하게 물린다고 한다.

하나님도 아담이 독처하는 것이 좋지 않다고 하셨다. 그래서 여자를 만들어주고 가정을 이루고 살라고 하셨다. 둘이 가정을 이루고 살아야 진정 인간으로서 생명의 길이 보인다고 하신다. 경제적으로 어렵다고 혼자 사는 것이 아니라 어려울수록 함께 살아야 한다는 것이다.

최근 우리나라도 경제위기에 직면하면서 청년층의 취업률이 급격하게 떨어지고 있다. 이미 일본처럼 패러사이트 싱글이 늘어나는 추세다. 선진국의 사례를 보고 독신의 끝이 불행하게 끝나는 것을 알면서도 같은 길을 밟고 있다. 누가 무어라 해도 사람은 홀로 절대로 발전해 나가지 못한다. 왜냐하면, 인간은 홀로 즐기고 싶은 이기적인 존재가 아니라 누군가를 돌보는 것에서 진정한 기쁨을 느끼는 이타적인 존재이기 때문이다. 나 때문에 열심히 사는 것이 아니라 사랑하는 그 누군가를 위해 온 힘을 다해 사는 것이다.

나 혼자 사는 것? 젊은 날 한때의 즐거움일 뿐이다. 최근에는 방송 프로그램에서 독신의 중장년 남자들이 떼로 모여 철없는 아이들처럼 즐거워하지만, 이 또한 노년에 접어들면 급격하게 위축되는 날이 올 수밖에 없다.

18

아버지의 다리가 된 아들

가수 강원래가 오토바이 사고로 장애인이 된 후 14년 만에 아버지가 되었다는 소식이 들려왔다. 하반신 마비 장애를 가진 그에게 아들이? 그 것은 14년 전에 오토바이 사고로 하반신 마비가 되었다는 소식만큼 사 람들의 관심을 끌었다.

강원래, 그는 한때 최고의 가수로 세상을 들썩이게 했다. 백댄서였던 그가 1996년도 구준엽과 클론을 결성해 〈쿵따리 샤바라〉라는 곡을 발표 하고 단숨에 가요 순위 1위라는 대박을 쳤다. 그렇게 인기를 얻고 절정 에 이른 2000년 11월에 오토바이 사고를 당한다. 당시 워낙 인기 절정 에 있던 가수가 당한 사건인지라 사람들에게 엄청난 충격을 주었고 그만 큼 관심도 받았다.

목숨을 위협할 만큼 큰 사고였던지라 기적적으로 깨어나긴 했지만 하 반신 마비라는 사태에 직면했다. 무대를 휩쓸며 힘차게 춤을 추던 그에 게는 사형선고와 마찬가지인 셈이다. 그러나 당시 동거녀였던 김송과 혼 인 신고를 했다는 소식이 들려왔다. 흔히 살다가도 이혼을 하건만. 더구 나 하반신 마비라는 장애인과 결혼을? 대부분의 사람들은 김송이 일시 적인 동정의 감정으로 그런 철없는 결정을 내렸을 것이라 생각했다. '결 혼은 현실인데 오래 못 갈걸?' 하면서…

어쨌든 강원래는 5년 뒤에 휠체어 댄스를 선보이며 복귀하려 애쓰는 모습으로 나타났다. 장애를 극복하고 장애인으로 새 삶을 산다고 하지만 그의 눈에는 여전히 분노가 가득한 듯 보였다. 그래서 진정 장애를 인정하지 못하는 분노가 불쑥불쑥 튀어나오니 그가 아무리 아니라고 하지만 대중은 그것을 안다. 그래서 그를 향해 위선이라고 악플을 달기도 했다. 대중의 인기란 이처럼 약이 되고 독이 되는 양면성을 가지고 있다. 오히려 대중은 그렇게라도 재기하겠다는 그를 향해 쓴소리한다. '그렇게까지 해야 해? 보상금 충분히 받았으면 그저 조용히 살지' 하는….

그런데 그가 아들을 낳았다는 소식이 들려왔다. 사고 이후 무려 14년 만에 8번의 시험관 시술 끝에 탄생한 아들. 그 아들이 걷기 시작할 때 아버지의 휠체어를 끄는 모습을 보니 정말 감동적이었다. 나는 그때 '아, 이제 강원래가 다리를 되찾았구나' 하는 생각을 했다. 그는 사고 이후 끊임없이 반문했을 것이다. '왜? 왜 내게?' 때론 기도했을 것이다. '다리를 다시 주시면 절대로 그렇게 안 살겠다며….'

14년? 참으로 긴 시간이다. 더구나 희망이 보이지 않는 시간은 더 그렇다. 우리 속담에 죽은 자식 불알 만지기라는 말이 있다. 이미 죽은 것에서 무슨 생명이 있을 것이냐는 말이다. 그러나 사람은 그렇게 죽은 것에 희망을 품지 못하지만 생명이신 하나님은 죽어서 땅에 묻힌 나사로도 살려내는 기적을 일으키시는 분이다. 모두가 죽은 가지라 생각했는데 그 가지 끝에 14년 만에 열매가 열렸다면 오히려 그 긴 고통의 시간이 그만큼 더 감동적일 것이다.

그는 하반신이 마비되어 휠체어 신세를 지지만 비로소 세상을 다 가진 아버지가 된 것 같았다. 그런 고통과 회한의 긴 시간 끝에 아들이라는 생명의 열매에서 그는 비로소 삶의 빛을 찾은 것이다. 사람들은 흔히 과정이 중요하다지만 열매가 모든 것을 말해준다. 실한 열매를 보고 나서 비로소 과정이 틀리지 않았다는 것을 알게 되는 것이다. 열매가 잘못 열리면 당연히 과정이 잘못된 것이다. 간혹 잘못된 열매가 맺히면 억울하다는 반응을 보이는 사람도 있지만, 열매는 정직하다.

14년 만에 탄생한 아들은 강원래뿐만 아니라 모두를 살린 생명의 사건이다. 장애로 고통받는 아버지를 살리는 것은 물론, 막무가내로 자식을 낳아 보겠다는 엄마 김송도 살리고, 그런 결정을 죽기까지 소원한 장모도 살리고, 더하여 그런 기적을 보게 된 대중의 시선도 살린 것이다.

그래서 인생의 끝에 실한 열매가 맺히면 그동안 겪은 고통의 시간이 길수록 더 큰 감동을 받을 것 같다는 생각을 한다. 그래서 99번의 실패 끝에 마지막 1번이 성공으로 끝나면 99번의 실패는 오히려 미담으로 전환된다. 물론 99번 성공했지만, 마지막에 실패하면 그동안의 성공은 모두 물거품이 되고 만다.

예수님께서 앉은뱅이를 일으킨 기적을 보여주셨다. 기적이 별건가? 하반신을 못 쓰는 앉은뱅이 강원래가 아들의 다리를 통해 다시 걷게 된 것이 바로 모두에게 보여준 기적 아닌가. 그는 자신을 똑 닮은 아들을 위해 그 누구보다도 그 어느 때보다도 열심히 살고 있단다. 누가 알겠는가? 그 아들이 아버지 강원래가 이루지 못한 꿈을 실현할 수 있을지. 이런 기적이 일어나기에 세상은 살 만한 곳이다.

이제 강원래는 비로소 장애가 된 것을 감사하는 척이 아닌 진심으로 감사할 것이다. 물론 바라보는 대중도 그 표정을 읽고 박수를 보낸다. 만

일 그가 그때 기적처럼 살아나 무대를 다시 뛰며 실패를 모르는 인기인
으로 알았더라면 어떤 인생을 살았을까? 요즈음 인기 연예인들의 마약,
음주, 도박, 성매매, 파산 등이 홍수처럼 쏟아지고 있는데 그도 인기에
취해 그런 덫에 걸렸을지도 모른다.

이후로 그의 아들이 무력무력 자라 6살이 되던 해에 누군가 물었다.

　"커서 뭐가 되고 싶어?"
　"아빠."
　"왜?"
　"멋있으니까!"

비록 6살밖에 되지 않은 아들이지만 자기 아빠가 최고라는 의미일 것
이다. 이 말이야말로 아버지 된 자로서 자식에게 들을 수 있는 최고의
찬사 아니겠는가.

19
철 안 드는 독신남

인기 가수였던 강원래가 비록 하반신은 마비되었지만 늦게 난 아들 때문에 새로 태어난 삶을 살고 있다는 뉴스가 나올 즈음 같은 가수로 50줄을 훌쩍 넘긴 김건모의 기행이 대중의 입에 오르내렸다. 당시 예능 프로그램 〈미우새〉를 통해 김건모의 해괴한 기행을 보고 대중들은 박수를 치며 웃었다. 이처럼 중년인 인기 연예인들의 기이한 행동이 대중들의 관심을 끌면서 인기 프로그램으로 자리를 잡자 그의 기행은 더욱 심해졌다. 그리고 패널로 참석한 노모는 어처구니가 없는지 연신 혀를 차면서도 웃어댔다.

김건모라고 하면 가수로서 엄청난 성공을 거둔 사람이다. 세상에 인간으로 태어나 그 나이가 되도록 참으로 순탄하게 가수로 인기를 누리며 살았으니 누가 봐도 성공한 인생이라고 자부하기에 충분했다. 어느새 노년을 바라보던 가수 김건모는 〈미우새〉를 통해 소강상태에 있던 인기가 그런 기행으로 다시 올라 광고 수익까지 올린다며 모자의 자랑이 나라를 흔들 지경이었다. 그저 대중에게 짧은 웃음을 준다지만 노모까지 나와 장구치고 박수 치는 모습은 힘들지만 열심히 일하며 살아가는 다수 대중에게 공감보다는 박탈감을 안겨주지 않았을까?

김건모의 기행이 방송가에서 상한가를 칠 때 성폭행 추문으로 법적 공방까지 벌어지는 사태가 일어났다. 나중에 무혐의 판정을 받았다지만 무려 5년이라는 세월 동안 그가 겪은 고통은 남달랐을 것이다. 그 사이에 결혼도 하고 이어서 이혼도 했다는 소문이 들려왔다. 당찬 말솜씨로 아들의 한심한 모습을 공격했던 그의 엄마도 건강마저 안 좋아졌다고 한다.

대중은 그를 천재 음악가라고 부른다. 천재성을 가지고 태어난 사람은 배우지 않아도 저절로 깨닫는 것이다. 그런데 천재는 오로지 하나의 재능만 가지고 태어나 다른 분야에서는 백지 상태와 같다. 만일 수학 천재라면 다른 모든 과목은 빵점이라고 해도 과언이 아니다. 오로지 한 가지에 몰입하는 자폐성으로 인한 집중력으로 한 분야에서 일반인은 상상도 못 하는 성공을 거두는 것이다. 그러나 천재가 천재성을 발휘하지 못하면 자폐로 살게 된다. 그래서 천재가 타고난 천재적인 재능을 발휘하려면 반드시 서포터(suppoter)가 있어야 한다. 에디슨은 어머니가 서포터였고, 모차르트는 아버지가 서포터였고 존 내쉬는 아내가 서포터였다.

하지만 천재성이 강할수록 기행은 심해서 서포터의 마음고생이 그만큼 클 수밖에 없다. 2002년 개봉한 영화 〈뷰티풀 마인드〉는 천재 수학자 존 내쉬의 생애를 그린 전기 영화다. 존 내쉬는 미국의 수학자로 게임이론에서 가장 일반적으로 사용하는 균형 개념인 '내시균형'을 정립하였으며, 1994년 노벨경제학상을 수상하였다. 1928년 미국에서 태어난 그는 1945년 카네기공과대학(지금의 카네기멜론대학)에 전액 장학생으로 입학하여 처음에는 화학공학을 전공하다가 화학으로 변경하였고, 최종적으로는 수학을 전공하여 1948년 학사 및 석사 학위를 취득하였다. 이후 프린스턴대학교에서 박사과정을 공부하여 22세 때인 1950년 〈비협력 게임 Non-cooperative Games이라는 논문으로 박사학위를 취득하였다.

22살인 1950년부터 미국의 국방·행정 분야의 대표적 두뇌집단이라

불리는 랜드연구소(RAND Corporation)에서 일하였으며, 1951년부터 매사추세츠공과대학교(MIT)에서 강의하였다. 1957년 MIT 학생으로 존 내쉬의 강의를 듣던 얼리샤 라드(Alicia Larde)와 결혼하였다. 이후 존 내쉬는 1958년 30세의 젊은 나이에 수학계의 노벨상이라 불리는 필즈상(Fields Medal) 후보에 올랐으나 수상하지는 못하였으며, 이 무렵 불안정한 정신 상태를 보이다가 1959년 조현병 진단을 받고 MIT 교수직에서도 물러났다.

이후 1980년 후반 병에서 회복될 때까지 입원과 퇴원을 반복하는 투병 생활을 지속하였다. 이때 그의 조현병 증세가 악화하며 심지어 어린 아들을 죽이려 했다. 결국, 아내 얼리샤는 이혼하였다. 이후로 그는 차츰 회복세를 보였다. 프린스턴대학교와는 비공식 제휴 형태로 연구 생활을 이어나갔으며, 투약을 끊고 회복하고 나서는 교수직에도 복귀하였다. 1994년에는 게임이론에 기여한 공로로 존 하사니(John Harsanyi)·라인하르트 젤텐(Reinhard Selten)과 함께 노벨경제학상을 공동 수상하였으며, 2001년 얼리샤와 재결합했다.

영화를 보면 MIT까지 다녔던 지성의 여인 알리샤가 남편의 기행에 견딜 수 없는 고통을 겪지만, 그녀는 결국 남편을 노벨경제학상을 받게 한다.

존 내쉬는 노벨 연설 수상 연설에서 객석에 앉은 아내를 향해 말했다.

"평생 수학 논리와 방정식을 연구했지만 내 인생에서 소중한 발견은 어떤 논리나 이성으로 풀 수 없는 사랑의 신비한 방정식이었다. 오늘의 내가 존재하는 모든 이유는 당신 덕분이지."

그리고 부부는 2015년 교통사고로 함께 죽었다. 부부가 그런 사고로 죽어서 안타깝다고 혀를 차겠지만 특별난 인생을 살다 간 사람이 소명을 완수하고 모두가 안타깝다는 생각을 할때 사라지는 것이 더 멋진 인생의 마무리가 아닐까?

흔히 자식이 천재가 되면 좋겠다는 부모가 있지만, 파도가 크면 파괴력도 그만큼 크다. 또한, 천재가 천재성을 발휘하려면 반드시 그를 절대 사랑하며 희생하는 서포터가 있어야 한다. 그렇지 않으면 그저 자폐로 소외되며 살아갈 것이다.

음악 천재 김건모가 재기를 꿈꾼다고 한다. 그러나 짧은 결혼 생활도 끝이 나고 말았다. 뒤에서 묵묵히 있던 아버지도 돌아가시고, 그의 어머니도 쇠약해졌다고 한다. 그를 위해 기도해 주는 사람이 남아있을까. '미우새' 노모가 결혼도 하지 않고 마냥 한심하게 구는 중년의 아들이 밉다는 프로그램을 바라보며 웃어야 할지 울어야 할지. 인간은 어떤 세상이 와도 나이답게 살라고 하건만. 중년의 나이를 훌쩍 넘기고도 미운 새끼라는 말에도 그저 좋다니….

20
돈 때문에 가족이 원수가 되다니

박수홍은 개그맨이다. 그러나 개그맨답지 않게 출중한 외모에 선한 인상, 그리고 말솜씨까지 겸비한 노력형이다. 그도 그런 인기를 입어 〈미우새〉에 출현했다. 당시 독신으로 살면서 중년답지 않은 기행을 보여주었다. 방송에서 보여주는 반듯한 외모는 사라지고 클럽을 다니며 춤을 추고, 정도를 넘는 기이한 짓을 했다.

특히 당시 가수라는 직업을 넘어 사업도 승승장구하며 상남자처럼 행동하는 가수 승리를 따라 해외 선상 파티에 참석하는 것을 방영했다. 각 나라 수많은 젊은이와 뒤섞여 함께 춤을 추며 기분이 고조된 박수홍이 흥분하며 소리쳤다.

"승리야, 나는 네 동생으로 태어나고 싶어."

순간 그 말에 내 귀를 의심했다. 나름 대한민국에서 인기를 누리는 중년의 남자가 서른 살도 되지 않은 청년에게 저런 말까지 해야 했는지? 그 장면에 패널로 참석한 노모들이 일제히 웃음을 터뜨리고, 박수홍 엄마가 말했다.

"어머, 쟤는 왜 저런 소리를 해. 정말 바보 같아. 우리 아들 바보예요. 정말 바보예요."

이 장면을 보고 또 많은 생각을 했다. 노인이 노인답지 않고, 청년이 청년답지 않고, 중년이 중년답지 않은 뒤집힌 세상을 보는 것 같았다. 아마 박수홍은 그때 승리라는 인물이 얼마 후에 성매매 알선 등 행위의 처벌에 관한 법률 위반 혐의로 입건되리라는 것은 상상도 못 했을 것이다. 당시 승리는 〈미우새〉에 출연하여 여자를 대하는 단호한 태도로 마음을 얻으며 노모들이 자신들의 못난 아들과 비교하며 열광하게 했다. 50살을 바라보는 아들들의 철없는 한심한 모습과 30살도 되지 않은 청년의 처세술이 너무도 대비되어 아들 가진 엄마는 승리 같은 아들을 둔 엄마는 얼마나 좋을까 했건만….

이후로 박수홍은 이런 악재인 3종 세트를 그대로 보여주었다. 그토록 수많은 방송을 통해 아버지, 어머니와 행복한 모습을 보였는데 순식간에 원수가 되어 등을 돌리고 법정 재판까지 가는 모습을 보여주고 있다. 박수홍은 가족에게 배신당했다며 결혼을 하고, 그의 어머니는 박수홍이 여자의 꼬임에 넘어갔다며 아들의 과거 여자관계를 폭로하며 최악으로 치달았다. 거기다가 구경꾼들은 양쪽으로 패가 갈려 갑론을박하고 있으니….

유독 대한민국 방송프로그램에 예능이라는 이름으로 나름대로 인기 있는 연예인들의 사생활을 보여주며 시청률을 올린다지만 결국 돈에 얽힌 가족 간의 최악의 모습을 보는 시청자의 마음은 씁쓸하다. 사실 가족은 돈이 아니고 생명을 잇는 관계이며, 오늘을 사는 것이 아니라 미래를 준비하는 것이다. 인간이 인간답다는 것은 물질을 주고받는 것이 아니라 영을 주고받는 것을 말한다. 그래서 잘나갈 때 서로를 이용하는 곳이 아니라 위기에서 합심하여 위기를 극복하라는 것이며 그것만이 미래를 보장받는다. 영어에 미래는 두 가지 뜻이 있다. 그냥 시간이 흘러가며 만들어지는 단순 미래가 있고, 다른 하나는 의지 미래다. 의지 미래란 소망을 갖고 노력해야 오는 미래다. 모든 인간관계가 그렇겠지만, 특히 가족은 가족 구성원 모두를 살리는 소망을 품은 의지 미래를 향해 나아가야 한다.

그래서 인간은 결코 혼자 살 수 없는 구조로 되어 있다. 세상에 모든 포유동물은 부모의 뱃속에서 태어나자마자 스스로 일어나 엄마 젖을 빤다. 하지만 인간은 태어나 일 년이 될 때까지 걷지를 못한다. 결국, 인간만 태어나는 순간부터 누군가 돌보지 않으면 결코 살아남지 못한다. 그리고 20여 년의 긴 양육 과정 후에 독립된 인간이 되어 살아간다. 하지만 만물의 영장이라는 인간이 이처럼 긴 양육 과정을 거치는 것은 바로 돌봄을 받는 과정에서 돌보는 것을 배우기 위함이란다. 또한, 이런 양육 과정을 통해 영을 가진 인간은 부모와 자식으로서 서로에게 소망을 품으며 살아가게 된다.

부모의 자식으로 태어나 부모의 소망으로 잘 자라 청장년까지는 가진 재능을 발휘하며 살아간다지만 노년에 접어들면 주변에 자신을 위해 소망을 가진 사람이 남아있지 않는다는 사실로 심한 우울감에 빠진다고 한다. 〈미우새〉를 통해 독신남의 대부라고 추앙받던 주병진이 출연했다. 환갑을 훌쩍 넘긴 그는 어머님이 돌아가시고 심한 우울감에 빠져들었다고 했다. 그때 그는 오히려 기쁜 일이 생기는 것이 싫었다고 고백했다. 이유는 나눌 사람이 없기 때문이라며. 차라리 고통은 이기려는 노력이라도 하면서 잊는다고 했다. 그러면서 모두가 부러워하는 펜트하우스에서 사는 것을 자랑하지만, 오히려 그런 호화로운 집에서 혼자 사는 것이 더 안쓰럽게 보였다.

노년에 들어선 주병진이 〈미우새〉에서 자기 인생에 가장 후회스러운 것이 가족을 만들지 못한 것이라고 고백했다. 그리고 전 재산을 주고라도 가정을 살 수 있다면 기꺼이 그렇게 하겠다고 했다. 그러자 듣고 있던 노모들이 일제히 지금도 늦지 않았다고 하지만 그는 결코 결혼하지 못할 것이다. 어머니도 없는 세상에 그 어떤 여자도 믿을 수 없기 때문이다. 노년에 홀로 남은 그는 인기도 얻고 재물도 모았다지만 아무도 믿지 못하는 마음에 상처만 가득한 채로 남은 생을 살게 될 것이다. 그래서 인간은 때마다 결혼도 하고 자식도 낳는 인간관계가 동반되어야 한다. 인간으로 태어나 인간관계 없는 발전은 결코 지속하지 못하기 때문이다.

하나님은 인간을 창조하시고 생육 번성하라는 소명을 주신다. 번성하기 전에 생육이 먼저다. 다시 말하면 생육이 없으면 번성도 없다는 의미이다. 그래서 아담 혼자 있는 것이 안쓰러워 여자를 주고 가정을 이루라고 하셨다. 당연히 생명을 주셨으니 생명을 이으라는 명령을 내리셨다. 그래야 번성한다고 하셨다.

결국, 독신남의 대부인 주병진이 노인이 되어 혼자 남아 궁여지책으로 개를 키운다는 방송이 나왔다. 미국의 유명 배우들은 입양에 적극적이다. 하나님은 개보다 사람을 키우는 것을 더 좋아하시는데…

21

예능의 노예가 된 한국인

요즈음 대한민국 방송가는 예능이라는 장르로 연예인의 사생활을 보여주며 시청자의 관음증을 자극한다. 처음에는 소소한 개인의 일상을 보여주더니 점차 그 규모가 확장되어 연예인 자식들이 커가는 모습은 물론 늙은 부모까지 나와 방송가를 장악하고 있다. 시청자들은 이제 가상의 스토리가 아니라 실제의 스토리에 푹 빠져 정작 본인의 삶은 잊은 듯하다. 연예인들이 몰려가는 여행지라면 다리에 힘 빠진 노인이나 한창 일을 할 청년들이나 자식을 돌볼 중년이나 물색없이 그 여행지로 몰려간다. 또한 연예인들이 볼이 터질 듯이 음식을 욱여넣고, 너무 맛있어서 죽을 것 같은 표정으로 화면을 가득 메우면 시청자는 그 맛집으로 달려가 장사진을 이룬다. 이런 예능이라는 트랜드를 쫓아 여행가자, 먹자, 혼자 사는 것이 좋구나 하면서 국민 전체가 예능이란 프로그램에 대리 만족하며 헤어 나올 줄을 모른다.

오래전에 본 영화 『트루먼 쇼』가 생각난다. 1998년 미국에서 제작된 영화로 당시 그 영화를 보고 충격을 받았는데 오늘날 대한민국 국민이 정확하게 그 상황에 빠져 있다. 짐 캐리가 주연인 영화의 스토리는 이렇다. 한 남자가 태어나는 순간부터 생방송이 되는 것이다. 트루먼은 트루먼이라는 이름의 거대한 스튜디오에서 성장하고 결혼하고 직장을 다닌다. 이런 그의 생이 그대로 시청자에게 생중계된다. 하지만 그만 그 사실을 모른다. 물론 그의 주변 인물들은 장기 출연자들로 연출자의 지시를 받는다. 결국, 트루먼은 30살이 되면서 남들처럼 평범하게 살았던 자신의 삶이 전부 조작되고 거짓이었다는 것을 알게 되면서 충격에 빠진다. 자기 인생이 시청자에게 보여주기 위한 삶이었다는 것을 알고 그는 스튜디오를 빠져나온다. 하지만 그동안 그것으로 이익을 취한 세력들이 그냥 놔줄 리 없다.

그로 인해 돈을 벌었던 세력들은 그를 향해 스튜디오로 돌아가라고 집요한 설득을 한다. 하지만 결국 트루먼은 30년간 스튜디오 밖에서 그의 인생을 조정해온 연출자에게 묻는다.

"당신은 누구죠?"

"나? 나는 시청자들에게 희망과 기쁨을 주는 TV 쇼를 만들지."

트루먼이 다시 묻는다.

"그러면 나는 누구입니까?"

"자네? 자네는 스타야, 스타!"

"전부 가짜였군요."

"무슨 소리, 자네는 진짜야. 내 말 잘 들어봐. 이 세상에는 진실이 없지만 내가 만든 그곳은 달라. 이 세상은 거짓말과 속임수뿐이지만, 내가 만든 그 세상에선 두려워할 게 없어. 난 누구보다 자넬 잘 알아."

"헛소리 집어치워요!"

"두렵지? 괜찮네, 다 이해해. 난 자네 인생을 지켜봤어. 태어나는 것부터, 첫걸음마를 떼는 것, 입학하는 것, 처음 거짓말하는 것까지. 자넨 떠나지 못해. 자넨 여기 속해 있어야 해. 내 세상에."

하지만 트루먼은 30년간 갇혀 있던 안정된 삶을 버리고 자유를 찾아 전혀 경험해 보지 못한 자기의 세계로 나아가기 위해 스튜디오를 나온다. 30년 동안 그를 꼭두각시로 만들며 돈을 취하던 세력의 선봉에 섰던 연출자가 다급하게 소리친다.

"지금 생방송 중이야. 전 세계 생방송 중이라고!"

하지만 트루먼은 그동안 시청해 준 시청자에게 마지막 인사를 한다.

"못 볼지 모르니 미리 인사합니다. 좋은 오후, 좋은 저녁, 좋은 밤 보내요."

2000년도에 그 영화를 보고 그저 말도 안 되는 영화라고만 생각했는데 불과 20여 년 만에 똑같은 상황이 이 대한민국에서 벌어지고 있다. 인간은 원래 관음증이 있다. 남을 훔쳐보는 것을 좋아하는 특성이 있다. 그런 특성을 잘 이용하여 예능이라는 프로그램이 초기에 성공하자 이후로 방송사마다 경쟁적으로 유사 프로그램을 만들어 시청자들을 끌어들인다. 예능에 출연하는 자들은 일상을 공개하며 돈을 벌고, 시청자들은 비싼 값을 치르며 남의 인생을 훔쳐보며 세월을 낭비하고 있다.

심리학자 칼 융은 사람이 죽으면 자기가 한 일을 들고 간다고 한다. 그는 나의 존재의미는 인생이 나에게 물음을 가지고 있다는 데서 찾아야 하며, 나는 거기에 대한 나의 대답을 제시해야 한다고 말한다. 그렇지 않으면 나는 단지 세상이 주는 대답에 의지할 뿐이다. 과학이 발달하고 세상은 살기가 좋아져서 인간이 자유를 누리며 자기 정체성에 합당하게 살 줄 알았지만, 점차 더 강력한 세력에 붙들리며 노예처럼 살고 있다. 남의 인생을 훔쳐보며 내 인생을 한탄하고, 유튜브를 보며 따라 하고, 남의 조언으로 자립성을 상실하면 결국 자기 스토리가 없다. 어떤 인생을 살았든 자기 스토리를 들고 오지 않으면 죽어서도 점수를 못 받는다는데…

살아생전 자기 스토리가 없었는데 죽어서도 다른 영에 이끌려 산다면 아마도 그것이 지옥이 아닐지? 더하여 요즈음 예능은 식상함을 넘어 점점 더 기이한 소재로 시청률을 올리려 하고 있다. 그러나 흉내를 내도 효자 흉내를 내라고 했다. 막장이 대세라지만 인간의 깊은 이면에는 존귀함에 대한 욕구가 있다. 존귀함이란 바로 나의 양심에 따라 사는 것이다. 인간의 양심에는 분명 선과 악에 대한 구분이 있다. 청·장년까지는 내 생각대로 살았지만, 노년에 접어들면 세상에는 더 큰 힘이 있다는 것을 알게 된다. 그런데 노년에 접어들어서도 그저 내 생각대로 산다면 인간답지 못하건만 이를 알지 못한다. 인간이 인간답다는 것은 나이답게 살면서 삶의 조화를 이루는 것이건만….

22

위기에서 살아남는 힘

인간은 무조건 크고 잘나가기를 소원하지만, 파도가 크면 파괴력은 그만큼 크다. 하이리스크 하이리턴이라고 했다. 그래서 큰 파도가 부서질 때는 주변에 모든 것을 다 파괴하고 재기도 못 할 만큼 쓸어버리고 소멸한다. 살아온 인생을 돌아보면 누구이든 크고 작은 파도에 흔들리며 살아남았다는 것을 알 수 있다. 재수가 없으면 접시 물에도 코를 박고 죽는 것이 인생이다. 그래서 내가 잘나서 여기까지 살아온 것이 아니라 그저 운이 좋았을 뿐이라는 생각이다. 운이 좋다는 것은 누군가의 간절한 소망의 기도가 있었을 것이다.

결국, 인생은 잘나갈 때 더 잘나가는 것이 아니라 위기에서 살아남는 것이 먼저다. 한겨울에 얼어 죽지 않아야 봄에 싹을 피울 수 있다. 인생을 돌아보면 한순간도 위기가 아닌 적이 없다. 그래서 인생은 더 잘나가는 게임이 아니라 덜 망가지는 게임이 아닐지? 인류 역사를 보면 인간은 풍요 속에 타락이 오고, 위기에 오히려 강해지는 특성을 보여준다. 그래서 요즈음 잘나간다는 연예인들의 마약이나 성매매 의혹 혹은 가족 간에 분쟁이 세간의 관심사다.

작은 인기만 있으면 온 가족이 몰려나와 제 인생을 자랑하기에 강원래의 삶이 재조명되는지도 모른다. 그는 최악의 위기에서 살아나는 것을 오로지 가족을 통해 구하며 아들이라는 생명의 씨를 얻었다. 하지만 이런 위기 속에 살아남는 힘은 바로 누군가의 소망이 결집되어 발휘된 것이다. 성경에는 선 줄 알았거든 넘어질까 두려워하라는 경고가 있다. 그래서 인생이란 강한 자가 살아남는 것이 아니라 살아남은 자가 강하다. 그러나 강한 자는 일시적으로 혼자의 힘으로 살아내지만, 위기에서는 살아남는 기적은 온 우주의 기까지 모아야 한단다. 다시 말하면 위기에서 살아남는 것은 절대로 혼자 할 수 없고, 온 우주는 물론 산 자와 죽은 자의 기까지 다 모아져야 한다는 의미이리라. 결국 오늘의 나는 나를 절대 사랑하는 가족의 힘이리라. 비록 죽었어도 후손에게 영향을 미치는 영적인 관계, 가족.

내 새끼가 희망 없는 한심한 미운 오리 새끼라며 방송에 나와 웃고 즐기는 노모들이 있다면 장애 사위에게 자식을 달라고 기도하는 장모가 있다. 바로 강원래 장모란다. 강원래의 아내, 김송은 강원래가 인기 절정에서 사고를 당했을 때 동거 중이었다고 한다. 둘은 중학교 시절부터 만나 10년이라는 기간 동안 연인으로 지냈고, 강원래가 군대 복무 시절 둘이서 주고받은 편지만 무려 700통에 달할 만큼 서로 사랑했다지만 강원래가 김송에게 그다지 충실하지는 않았던 모양이다. 하기는 그 나이에 그런 인기를 누리는 스타가 한 여자에게 성실하지 못하는 것은 당연했으리라.

그런데 하반신 마비라는 진단을 받은 강원래와 김송이 결혼한다고 했을 때 그저 일순간의 동정심으로 내린 결정으로 오래 못 갈 거라는 예측이 우세했다. 더구나 그녀는 서구형의 미모로 당시 가수로 활동하고 있었으니 쉽게 믿음이 가지를 않았다. 충분히 자신의 능력을 발휘하며 살 수 있음에도 그런 결정을 하니 대중은 의심하는 것이다. 그렇다고 강원래가 감동하는 것 같지도 않았다. 남자의 자존심이다. 동정으로 자신 곁에 남아있는 것도 싫은…. 그래서 결혼 후에도 강원래가 방황하고, 외도까지 하며 김송의 마음을 아프게 했다고 했다. 당연히 이혼설이 불거지고 대중들은 말했다.

'그것 봐. 오래 못 살아.'

아마 김송이 그런 결정을 내리고 강원래를 떠났다면 대중은 또 악플을 달 것이다. 그럴 줄 알았다고, 내 말이 틀리지 않았다고 박수를 치며. 사실 그것이 세상인심이다. 내 기쁨을 말했더니 질투가 되어 돌아오고, 슬픔을 말했더니 약점이 되어 돌아온다는 것이…. 또한 어떤 희생적인 결정을 내렸어도 그것이 열매로 맺히는 것은 너무도 어렵다. 처음에 먹었던 순순한 마음도 시간이 갈수록 자신의 희생에 회의를 느끼며 결국 포기하고 만다. 그래서 시작을 하지 않은 것만 못한 결과로 끝나는 경우가 비일비재하다.

아마도 둘만 있었으면 관계가 이어지지 못했을 것이다. 그러나 김송의 어머니가 구원의 투수 역할을 했다고 한다. 장모 등쌀에 못 살겠다는 사위 수난 시대에 강원래 장모가 큰 힘을 준 것도 특이하다. 그렇게 장애를 가진 사위를 사랑했던 장모의 마지막 소원이 바로 손주를 보는 것이었다고 한다. 그것도 요즈음 장모답지 않은 소원이다. 아마도 딸이 낳으려 해도 장모가 말릴 판인데….

어쨌든 장모의 소원에 더하여 김송도 아이를 낳고 싶었던 모양이었다. 그래서 시험관 시술을 시도했단다. 7번이라는 실패를 거듭하면서 분명 좌절했을 법도 했다. 더하여 대중들도 '꼭 그렇게 해서 자식을 낳아야 해? 둘이 행복하면 되지!' 하며 훈수를 두었단다. 그러나 8번째 시험관 시술에 기어코 성공하고 아들을 출산했다. 하지만 장모는 죽어서 그 기쁨에 동참하지 못했다. 장모는 오로지 그 한 가지 소원을 품고 세상을 먼저 떠났을 것이다. 죽으면서도 소원을 품을 수 있는 것은 인간의 영혼이 존재한다는 이유다. 그리고 사람은 죽을 때 한 가지 감정을 품고 죽는다고 한다. 아마도 강원래 장모는 오로지 사위에게 아들이 있기를 소원하는 한 가지 소원을 품었을 것이다. 그래서 산 자의 기도보다 죽은 자의 기도의 위력이 더 크다는 말이 있다. 흔히 조상의 은덕이라는 말이 있는 것처럼.

일반적으로 상식적인 과정에서 결코 일어날 수 없는 일이 이루어졌으면 기적이라고 한다. 이런 기적이 이루어지려면 먼저 소망을 품어야 한다. 그 소망은 수많은 파괴의 인생길에 오로지 살아남는 것이 먼저다. 생명에서 생명으로 이어져야 미래가 있을 뿐이다. 강원래의 경우 먼저 늙은 장모의 역할이 절대적이었다. 아마도 장모는 세상에 수많은 사람들이 떠들어대는 훈수에 귀 기울이지 않고 오로지 자신의 소망을 품으며 기도했을 것이다. 딸과 사위가 사는 길은 자식을 갖는 것이라고 기도하며 이루어지리라는 믿음으로 죽는 날까지 했을 것이다.

사실 요즈음 같은 세상에 더구나 그런 상황에 자식을 낳고 싶어 하는 것은 인간의 입장에서 대단히 어리석다는 견해가 많다. 그러나 막상 그토록 오랜 시간 끝에 맺어진 결실은 상상을 초월하는 효과가 발현된다. 강원래 아들이 태어나는 순간 강원래는 물론, 강원래의 가족 전부를 살리고, 엄마인 김송은 물론 죽은 장모도 살리고, 심지어 대중에게도 감동과 희망을 선사했다.

기적이 별거인가? 인간이 상상조차 못 한 일이 이루어지면 기적이다. 아마 김송도, 강원래도 장모도 소원을 빌지만 설마 했을 것이다. 사실 인간이 소원을 빌면 하나님은 다 들어주신다. 그런데 주시는 때는 하나님이 결정한단다. 대부분 인간들이 소원을 빌다가 이루어지지 않은 것은 도중에 하차하고 말아서 기적을 경험하지 못한다. 문제는 하나님의 때는 인간이 생각하는 시간보다 아주 길다는 것이다. 그래서 대부분 그 지점까지 못 가고 하나님을 원망한다. 근데 왜 그리 길게 잡아서 사람을 지치게 하느냐고? 기적이라는 생각이 들 만큼 길게 가야 비로소 감사한단다. 즉, 쉽게 이루어지면 자기 능력이라고 착각하기 때문이다. 다시 말하면 죽은 고목에 꽃이 피는 것을 봐야 기적이라고 믿는 것이 인간이다.

돈 때문에 부모 자식이 서로를 향해 비수를 꽂고, 돈 때문에 죽을 자리에서도 제 능력을 과신하는 인간사가 계속되는 한 미래는 결코 오지 않는다. 돈과 권력이 넘치는 세상이라지만 어떤 세상이 와도 인간에게 가장 귀한 열매는 바로 관계로 이어진 생명의 열매이다.

23
아들은 기도해 주는 것이 경쟁력이다

흔히 부모 입장에서 보면 재능이 많은 아들을 원한다. 대부분의 부모가 내 자식이 재능을 크게 타고나 그만큼 성공하기를 바라지만 재능이 크면 그만큼 망가지기 쉽다.

강정호, 그는 야구선수로 일찍이 재능이 발현된 선수로 20대 초반부터 KBO리그 최고의 유격수로 이름을 날렸다. 그래서 KBO리그에서 미국 메이저 리그로 직행한 최초의 한국인 야수였다. 2015년부터 피츠버그 파이리치 소속으로 초기에 엄청난 활약을 펼치면서 한국 야구사의 간판 타자 반열에도 올랐다. 그러나 2016년 12월 강정호는 한국에서 혈중알코올농도 0.084% 상태로 운전하다가 가드레일을 들이받고 달아난 혐의로 재판에 넘겨졌다. 그리고 법원은 징역 8개월에 집행유예 2년을 선고했다. 물론 그는 2008년과 2011년에 음주 운전 경력이 있지만 메이저 리그 진출 전이고 그만큼 유명하지 않았던 시절이라 크게 문제가 되지 않았던 모양이었다. 하지만 3번째 음주 운전으로 결국 실형이 선고되고 말았다. 그의 실형으로 주한미국 대사관이 비자 발급을 거부하자 미국으로 복귀하지 못하고 만다. 그런데도 파이리츠는 그를 포기하지 않고 비자 발급을 위해 1년간의 로비를 한 끝에 2018년 4월 미국에 입국하게 된다. 아마도 반복되는 그의 실수를 용서해 줄 만큼 미국의 구단주는 그의 재능을 인정했던 것 같다. 그러나 그는 시즌 도중 방출되는 수모를 당하고 말았다. 이후로 국내복귀가 결렬되었다는 발표가 나왔다.

그런 반면에 추신수는 2011년 5월 3일 오하이오주에서 혈중알코올농도 0.2% 상태의 음주 운전으로 경찰에 적발됐다. 당시 법원은 추신수에게 벌금 675달러와 집행유예 27일이라는 가벼운 처벌을 내렸다. 이유는 추신수가 자신의 행동에 대해서도 '어떤 처벌이든 달게 받겠다'는 자세를 보이며 잘못을 인정하며 가족과 동료, 팬들, 구단에 심려를 끼쳐 죄송하다고 사과했기 때문이라고 한다.

추신수는 20살이라는 나이에 시애틀 매리너스 산하 마이너리그팀에서 타자로 뛰었다. 그런데 추신수는 이듬해 2002년의 운명의 여인을 만난다. 그리고 바로 결혼을 하고 이듬해 아들을 낳았다. 고작 월급 1,000달러 마이너리그 선수였지만 아내 하원미는 내색하지 않고 자식까지 낳았다. 사실 누가 봐도 앞날이 불투명한 최악의 상황이다. 대부분은 야구선수라면 먼저 싱글 상태에서 성과를 내어 마이너에서 메이저로 진입하여 입지를 올린 다음 가정을 갖는 것이 순서가 당연하다. 그래서 고작 21살이라는 나이에 미래도 불투명한 추신수의 결혼을 바라보는 가족이나 친지들은 세상 물정 모르는 철없는 아이들의 불장난처럼 생각했을지도 모른다.

그러나 이처럼 일찍 가장의 짐을 진 추신수는 비록 마이너리그지만 매년 좋은 성적을 거두며 잠재력을 보여줬지만, 시애틀 구단에서는 좀처럼 기회를 주지 않았다. 그러다가 2006년 클리블랜드로 이적하면서 두각을 나타내기 시작한다. 그렇게 성공을 향한 발걸음을 힘차게 치고 나갈 즈음 이처럼 음주 사고를 치고 수갑까지 찬 모습을 대중에게 보여준다. 하지만 이 판결 이후에 추신수는 신시내티 레즈를 거쳐 텍사스 레인저스와 7년 1억3000만 달러라는 '잭팟'을 터뜨린다.

2011년 음주 운전 당시 추신수는 29살이고 2016년 강정호도 29살이다. 둘 다 인기가 상한가를 치던 때와 상황이 같다. 그러나 둘의 결과는 달랐다. 하나는 그것을 기화로 더 올라가고 다른 한 사람은 나락으로 떨어졌다.

　인생을 살다 보니 세상은 곳곳이 지뢰밭 같다. 특히 육적인 에너지가 충만한 청춘의 남자는 어디로 튈지 모르는 탁구공과 같다. 전도서에 의하면 구덩이를 파는 자 그 안으로 먼저 떨어진다고 한다. 한 방향으로 집중성이 투철한 남자의 특성 탓에 일단 구덩이를 파다가 구덩이가 점점 깊고 넓어지는 것도 모른 채 계속 파다가 결국 한순간에 매몰되는 것과 같다. 때론 스스로 길이 아닌 것을 안다지만 남자는 여자보다 중독성이 강해 스스로 빠져나오지 못한다고 한다. 그래서 아들 키우는 것이 어렵다고 한다.

　하나님은 이런 성향의 남자를 살리는 것은 오로지 가족의 기도라고 하신다. 거기다가 기도하는 수가 많으면 많을수록 구덩이에 빠진 남자를 쉽게 구해준다고 한다. 특히 어린 자식의 기도를 가장 잘 들어주신다고 한다. 요즈음 남자들 능력 있다고 온갖 재주 부리며 살지만 기도해 주는 가족이 없으면 순간에 나락으로 떨어져 영영 헤어나지 못한다는 사실을 알자.

24
9회 말 투아웃에서 역전승

야구 게임에서 가장 흥미로운 순간은 9회 말 투아웃에서 역전을 날리는 바로 그때다. 더구나 모두가 질 것이라 예상했던 약팀이 무소불위의 강팀을 그렇게 이기면 관중석에서는 더 이상 내 편도 네 편도 없이 서로 얼싸안고 환호한다.

그 모습을 보고 생각했다. 왜 인간은 이런 모습에 깊은 감동을 받을까? 그것은 바로 하나님이 인간에게 주신 마음이며, 하나님께서 우리에게 가장 바라는 모습일 것이다. 그리고 앞서 말했듯이 하나님은 인간이 완벽하게 스스로 이루게 하지 않고 남은 1%를 당신이 참여하도록 여지를 남겨 두신 것이란다. 그래서 인간의 한계를 넘는 그 순간은 인간이 뛰어난 능력으로 달성하는 것이 아니라 이처럼 하나님께서 마지막 점을 찍어 주는 것이다. 흔히 인간이 보면 기적의 사건이고, 하나님의 편에서 보면 계획이다. 하나님은 유혹이 만연한 험난한 세상을 살면서 좌절하지 않고 하나님이 정한 규칙을 잘 지킨 것에 대한 선물을 들고 계시다가 마지막 고리를 연결해 주시는 것이다.

하나님은 인간을 창조하시고 제일 먼저 하신 일이 남녀를 달리 만들고 부부로 살라는 지침을 내리신다. 또한, 생육하고 번성하라고 하셨다. 다시 말하면 먼저 가정을 이루고, 자식을 낳아야만 번성한다고 하신 이유는 인간이 번성하려면 생육의 과정을 반드시 거쳐야 가능하기 때문이다. 최근에 인간이 홀로 사는 것이 대세라지만 인간은 절대로 홀로 살 수 없는 존재로 만들어졌다. 또한, 현재 내가 잘나가는 것이 마치 자신의 능력이라 생각하기 쉽지만, 누군가의 간절한 바람으로 오늘의 내가 된 것이다.

어떤 인간도 부모 없이 세상에 태어나지 않는다. 또한, 자식에 대한 부모 사랑은 절대적이다. 그래서 성경 어디에도 자식을 사랑하라는 말이 없다. 자식 사랑은 당연한 것이고, 오히려 능력만 되면 오히려 자식 사랑이 과해서 문제를 일으킨다. 어쨌든 부모가 자식을 향한 기도만큼 순수하고 아름다운 기도가 없다. 그러나 자식이 부모를 향한 기도를 하나님은 더 기뻐하신다고 한다. 특히 어린 자녀가 부모를 향한 기도를 가장 좋아하신다고 한다.

이 구절을 가지고 흔히 어린아이는 그만큼 순순하다고 하는 사람도 있지만 그런 의미가 아니다. 흔히 자식을 향한 부모 사랑이 더 크다지만 엄밀한 의미에서 보면 부모는 자식을 향한 기대치가 있어 조건적인 사랑이다. 그러나 부모를 떠나 살 수 없는 연약한 자식들은 부모가 마치 신 같은 절대적인 존재다. 자기를 지켜주는 부모의 사랑만 있으면 살 수 있는 여린 자식, 예수님은 그런 어린아이 같은 마음으로 하나님을 의지하고 사랑하라는 의미다. 그러니 그런 어린 자식이 부모를 향한 기도야말로 가장 순수하고 아름답기에 하나님께서 기뻐 받으신다고 한다.

우리나라 노래 중에 여기에 아주 적합한 구절이 있다.

'아빠 힘내세요. 우리가 있잖아요'

이런 자식들의 간절한 기도가 있어야 아버지들은 험난한 세상을 향해 나아가며 일을 하고 문명을 발전시키며 자식들의 살아갈 세상의 길을 닦아 놓는 것이다. 자기 혼자서 능력을 발휘하며 멋지게 산다는 것은 그저 어리석은 인간들의 자기 기만적인 상상력일 뿐이다. 더구나 인간은 홀로 권세와 부를 취하면 반드시 타락하게 되어 있다. 왜냐하면, 인간의 마음은 항상 그런 유혹을 꿈꾸기 때문이다. 단지 형편이 안 되어 그런 짓을 저지르지 못할 뿐이다. 그러나 그런 유혹에 흔들리지 않는 강력한 힘은 바로 자신을 바라보는 어린 자식들의 눈망울 덕분이다.

그래서 하나님께서도 이처럼 부모와 자식 간에 서로를 향한 간절함이 시너지를 내도록 9회 말 투아웃에 역전승을 만들어주는 것이란다. 부모가 자식을 향한 기도보다 더 크고 힘이 있는 기도는 바로 자식이 부모를 향한 기도인데 바로 이 구절로 대변되지 않을까?

'간절히 바라면 온 우주가 도와준다.'

이 말은 대한민국 정치가들이 즐겨 쓰는 문구지만 이글은 원래 파울루 코엘류의 『연금술사』에 나온 글이다. 말 그대로 인간이 간절히 바라면 하늘을 감동시켜 들어준다는 의미이다. 그런데 글 중에 이런 말이 있다.

"어떤 보석 채굴꾼이 에메랄드를 캐기 위해 자신의 모든 것을 헌신했다. 그는 에메랄드를 캐기 위해 오로지 강가에서 수년간을 헤매며 99만9천9백99개의 돌을 깨뜨렸다. 그토록 많은 돌을 깨뜨렸지만 결코 찾지 못했고 그는 마지막 한 개를 앞에 두고 깨뜨리려는 순간이었다. 그때 그것을 지켜보고 있던 신이 그의 앞에 에메랄드가 숨겨져 있는 돌을 굴려 그의 발 앞에 멈추게 했다. 그때 채굴꾼은 그동안 모든 노력과 고통과 헛수고였다는 허탈감에 빠져 그 돌을 있는 힘껏 발로 뻥 차버렸다. 이때 하늘을 향해 날아간 돌이 다른 돌에 부딪히며 산산조각이 날 때 비로소 돌 속에 숨겨져 있던 에메랄드가 찬란한 빛을 발하며 멀리멀리 날아갔다."

이 얘기처럼 결국 신이 도와주고 싶어도 인간이 먼저 포기하여 결실을 얻지 못한다. 그래서 간절히 바라는 무언가를 이룬다는 것은 결코 혼자 힘으로 이룰 수 없다는 사실을 알아야 한다. 내가 포기하고 싶을 때 나를 사랑하는 사람의 힘이 결집이 바로 우주의 힘까지 끌어들이는 것이다.

25
자식 사랑?

10년 전에 두 아들을 필리핀으로 유학을 보내면서 아내도 함께 보낸 지인이 있다. 아들은 어느새 대학을 갈 정도로 장성했단다. 처음에는 비교적 유학비가 적게 드는 필리핀으로 보냈지만 어느새 성장하여 대학에 입학하는 나이가 되었다. 선진국 대학을 갈 만한 성적도 안 되고 그렇다고 한국으로도 돌아오지 못하니 결국 동남아에 있는 대학을 물색 중이라고 한다. 외국어를 능통하게 하는 외국인 학교로 유학을 보냈으면 더 낳은 미래가 열리고 더 큰 나라로 진입할 줄 알았는데 어찌 된 일인지 한국경제보다 못한 동남아에서 그대로 머무니 답답하단다. 이제 와 생각해보니 공연히 아내의 말을 듣고 어린 두 아들의 유학을 감행한 것이 후회스럽다고도 한다.

그는 기러기 아빠로 10년 동안 오로지 처자식을 위해 뼈 빠지게 일을 하며 홀로 외롭게 산 세월이 지긋지긋하다고 한다. 그래서 둘째 아들이 대학 입학을 앞두고 있어서, 지인은 아들이 대학에 입학만 하면 아내에게 들어오라고 하자 아내가 망설인단다. 한국에 가서 할 것이 없다며. 하기는 그도 10년 동안 헤어져 산 아내와 다시 사는 것이 선뜻 내키지 않는다는 속마음을 털어놓았다. 어쩌다가 아내와 아들을 보러 필리핀에 가면 그는 마치 손님 같은 느낌이 들고 아내 곁에 앉아도 느낌도 없고, 서먹하단다.

그러면서 최근에 연로하신 아버지가 아프다는 소리에 더 가슴이 아프다고 했다. 처자식에게 올인하며 그동안 소홀했던 부모님이 속절없이 돌아가시면 어쩌나 하는 근심이 쌓여 있었다. 그런데 부모님이 손주도 보고 싶다 하셔서 아들과 아내에게 소식을 전했더니 공부 핑계로 일언지하에 거절했다고 한다. 하기는 그동안 유학을 핑계로 고향에 계신 부모님을 거의 찾은 적이 없다 하니 남보다 못한 사이로 전락하게 만든 장본인이 자신이라며 자책했다. 더 슬픈 것은 아내와 자식이 그의 아픈 마음조차 이해 못 하는 것에 문득 분노가 인다고 했다.

대한민국 부모들의 자식에 대한 교육열은 세계적으로 유명하다. 다른 어떤 나라보다 높은 자식 교육열 덕분에 대한민국이 경제 대국 10위권에 진입했는지도 모른다. 하지만 이제 그 지나친 교육열로 가족이 해체되며 나라가 정체성을 상실하고 붕괴하지나 않을까 걱정이다. 콧물도 마르지 않은 어린 자식들과 딸려서 아내마저 보내는 기러기 아빠를 위시하여 주말 부부가 대세란다. 아버지가 지방으로 발령이 나면 자식 교육을 앞세워 주말 부부를 자처하고, 지방에서 근무하는 가장은 자식 교육을 앞세워 강남으로 가족을 이주시킨다. 자식 교육을 위해 가정이 이처럼 쉽게 해체되는 나라는 전 세계에 대한민국이 유일하단다.

심리학자 융은 이렇게 말한다. "과학의 눈부신 발달은 우리에게 끔찍한 재앙을 가져온다. 아버지와 아버지의 아버지가 찾던 것이 무엇인지 우리가 이해하지 못하면 못할수록 우리도 그만큼 자신을 이해하지 못하게 된다. 그러나 문명의 발달이라는 이유로 현대인은 온 힘을 다하여 개인 간에 단절이 심화되도록 부추긴다." 결국, 조상의 근원을 알지 못하면 남보다 못하고 원수나 다름없다는 것이다. 자신을 세상에 태어나게 한 부모도 모르면서 지나친 자식 사랑만 있을 뿐 그 자식 또한 나를 모른다고 하는데 자식에게 그토록 공을 들이는 게 무슨 의미냐는 뜻이다.

흔히 업이라면서 인간이 세상에서 한 일이 대를 잇는다고 한다. 성경에도 인간의 선행이 천대를 가고 악행이 3대로 이어진다고 한다. 인간이 어떤 세상을 살든 관계에서 시작하고 관계에서 끝이 난다. 이유는 인간은 영적인 존재이기 때문이다. 또한, 성경에서는 아버지가 자손에 대한 축복권도 있지만, 저주권도 있다. 노아는 세 아들 중 두 아들에게는 축복을 내리지만 둘째 아들에게는 저주를 내린다. 또한, 야곱도 열두 아들에게 특성에 맞게 축복을 내리고 저주를 내리기도 한다. 그래서 성경에서는 하나님 다음으로 부모에게 효도하라는 말이 있다.

이 과학시대에 왜 고리타분한 조상 타령이냐고? 아버지나 그의 아버지가 누구인지도 모른다는 자식을 위해 나귀처럼 등골이 휘도록 일만 하고 있다면 차라리 남에게 선행을 베푸는 것이 더 낫다.

최근 당구 여제라고 유명세를 탄 캄보디아 여인 스롱 피아비는 어린 나이에 친정아버지보다 나이가 많은 남자에게 시집을 왔지만 모든 편견에서 벗어나 당구 선수로 인정을 받아 활약하고 있다. 그녀는 현재 캄보디아인에게 희망을 줄 뿐 아니라 상금으로 소외계층을 후원한다고 한다. 결국, 그녀의 남편은 어린 아내를 통해 캄보디아에 있는 더 많은 생명을 키워나가고 있는 셈이다.

이런 예와 달리 남편의 공도 모르는 아내나, 아버지의 공도 모르는 자식에게 물색없는 돈을 쓴 게 바람직한지, 아니면 아주 적은 비용으로 더 많은 생명을 살리는 게 옳은지 가치판단이 필요하다. 생명의 가치는 똑같다. 한국인이나 미국인이나 캄보디아인이나. 요즈음 많이 방송되는 기아에 허덕이는 아프리카에 월 만 원만 후원하면 한 생명을 살린다고 한다.

어차피 죽어 후대에 남기는 것은 재물이나 권력이 아니라 정신이다. 하지만 그 정신에 부모에 대한 공경심이 없다면 부모도 자식도 아니다. 그동안 남편들이 처자식에 올인하며 자식들 대학까지 가르쳤다면 할 만큼 한 것이다. 자식은 20세가 되면 부모를 떠나 사는 것을 가르쳐야 한다. 부모 없는 세상을 살아봐야 부모의 공을 알 것이다.

이제 100세 시대란다. 60살까지 가족 부양하며 살았으면 이제 자유롭게 인생 살아보는 것도 방법이다. 60살 이후에는 내가 살았던 과거와 다른 방법으로 사는 것이 건강한 심리를 유지한다고 한다. 예를 들어 앞으로 걸었다면 뒤로 걷고, 유채색 옷을 즐겨 입었다면 무채색으로 입는 것이다.

아인슈타인도 같은 방법으로 다른 결과를 기대하는 것처럼 어리석은 일은 없다고 했다. 다시 말하면 60살 전까지 육체나 물욕에 매어 살았다면 남은 생은 인생의 가치를 찾아 살라는 것이다. 60살까지 온 힘을 다해 가족을 위해 살았다면 내 도움이 필요한 누군가에게 손을 내밀라는 것이다. 남자는 누군가를 도울 때 남자다운 엔도르핀이 나온다.

<u>26</u>

내 자식은 나를 모른다고 한다

친구의 남편은 경매전문가로 평생을 살아왔다. 눈이 오나 비가 오나 새벽시장에 나가 자기 일에 자부심을 느끼며 해왔는데 최근 들어 체력이 급격하게 떨어진다며 일을 그만두어야겠다고 한다. 하지만 환갑을 넘긴 나이에도 선뜻 그만두지 못하는 이유가 여전히 가장의 역할에서 벗어나지 못하기 때문이란다. 서른이 넘은 아들이 군대를 제대하고 전공까지 바꾸며 의학전문대를 다니고 있단다. 그러면서 지인은 남편이 변했다고 한다. 남편이 술을 즐기는 사람이 아닌데 요즈음 들어 부쩍 술을 마시고 때론 주정까지 한단다. 그런데 그런 꼴을 본 적이 없는 아들이 보기 싫다고 짜증을 내며 현관문을 박차고 나가버린단다.

가방끈이 짧아 공부에 한이 서린 남편은 공부로 성공해 보겠다는 아들을 자랑스러워했는데 최근 들어 이처럼 아들과 부딪친다고 한다. 사실 남편은 아들을 잘 키워보겠다며 야단 한 번 친 적이 없다고 한다. 자신은 눈칫밥 먹으며 어린 시절을 보낸 것이 한이 되었다며. 친구는 처음에는 남편의 행동에 불만을 품었지만, 요즈음은 아들이 그런 아버지를 이해해 주기를 바라며 다음과 같은 말을 했다.

"사실 나도 예전에 우리 아버지의 그런 모습이 너무 싫었어. 하지만 이처럼 맞서거나 피하는 것은 상상도 할 수 없었어. 아버지의 주정을 인내하며 견디면서 미워했지만, 아버지 나이 되고 보니 이제 아버지의 그때 마음을 이해할 것 같아. 아버지가 약해진 거였어. 가족이 별건가? 좋을 때보다 아프고 미워할 때 함께 하는 거지? 그저 아들이 아버지의 약한 모습을 보며 묵묵히 곁에 있어 주면 안 될까? 죽으라고 기르고 가르쳤으니 힘 떨어지는 아버지 모습도 너그럽게 봐주는 게 아들이지…."

한 남편의 아내이면서 아들의 어머니인 친구는 이처럼 아버지와 아들의 관계 때문에 우울하다고 한다. 어쩌면 오늘날 대부분 가정의 모습이 아닌가 생각된다. 한 가족으로 산다지만 이처럼 서로의 마음을 알지 못한다. 어쩌면 아들은 아버지의 그런 모습에 화를 내는 것이 아니라 두려워서 그랬을지도 모른다. 어쩌면 아들은 아버지에게 다가가 무슨 일이냐고 물어보는 것을 배우지 못했을지도 모른다. 아마도 서른 살이 되도록 상대를 이해하려는 어른스러운 모습을 보여주지 못하는 것은 단순히 이론적인 지식만 배웠기 때문인지도 모른다. 가족들이 함께하면서 갈등하고 이해하는 과정을 배우지 못한 것이다. 그래서 부모는 늙고 자식은 장년에 접어들었으나 타인보다 못한 관계를 이루면서 서로를 향한 기대가 결국은 분노로 변해가고 있는 것은 아닐지…

이런 오늘의 현실을 바라보며 자식을 탓하기 전에 부모들이 스스로 돌아보아야 할 것이다. 능력 있는 부모가 능력 있는 자식을 만든다는 현실 논리에 맞추느라 부모의 능력이 곧 경쟁력이라며 자식에게는 결코 약한 모습을 보여주지 않으려 했다. 때론 감당하기 어려워도 허풍스럽게 앞장서며 자식을 이끌었다. 부모에게 불효하는 것쯤은 상관없고 나 하나 희생해서 자식이 행복하면 된다는 깃발을 흔들며 달려왔다. 그래서 기러기 아빠라는 신조어를 만들며 때론 부부 이별도 감수하며 살았건만 자식이 그런 아버지를 모르겠다고 한다.

결국, 부모가 자기 방식으로 자식에게 일방적으로 주기만 한 결과이다. 그래서 가난하고 배운 것이 없어 내 자식을 남들처럼 못 해주니 오로지 간절한 바람으로 자식을 키워 낸 부모님 생각이 더욱 간절하다. 무조건 하면 된다는 기치 아래 자식을 몰아붙이는 것이 아니라 부모와 자식 간에 서로를 위한 마음이 일치한다면 초인적 강인함이 분출되며 발전해 나간다는 것을 이제라도 알아야 한다. 다시 말하면 인류의 발전은 관계성에서 온다는 것이다. 오늘의 나는 누군가의 간절한 바람의 결과다. 그래서 그런 부모의 간절한 바람으로 오늘의 내가 있다면 당연히 자식에게 그런 바람으로 키워 내고 그 정신을 심어주었어야 했다. 그러지 못하고서 부모도 모르고 부모의 부모도 모른 채 세상 큰일 했다고 한들 그런 업적은 결코 이어지지 못한다.

더구나 자식을 향한 부모의 마음은 죽어서도 가지고 간다고 하지 않던가. 그런데 사람은 죽을 때 한 가지 감정만 가지고 간다고 한다. 다시 말하면 세상에서 맺었던 관계는 잊고 감정만 영혼에 품고 세상을 떠난다고 한다. 자식인지 혹은 아내인지 등의 관계가 아니라 그저 섭섭하다 혹은 안타깝다 등의 감정만 품고 간단다.

부모 입장에서 자식에게 못 해준 게 많으면 그저 미안하고 안타까운 마음에 죽어서도 오로지 그 자식을 향한 미안함과 안타까운 마음만 품고 있다는 말이다. 그러면 조상이 도와주는 것이리라. 하지만 섭섭하고 미운 감정으로 죽으면 오로지 그런 악한 감정만 품었기에 자식에게 섭섭하단다. 다시 말하면 영혼에 오로지 섭섭한 감정만 품은 악귀가 된다 하지 않던가.

죽음이 가까운 노인의 자리에 들어서면 역사 이래로 내려온 모든 것은 다 존재한다는 생각이 든다. 천사도 있고 귀신도 있고 천국도 있고 지옥도 있고…, 그러니 후손이 조상으로부터 은덕을 입거나 혹은 조상으로부터 그 반대의 경우를 당한다거나 하는 일도 가능하다.

27
세대 간의 단절이라면 나라의 미래가 없다는데

베이비부머 세대의 절대 지지를 받은 박근혜 정부가 5년의 임기도 채우지도 못하고 탄핵을 당하는 초유의 사태를 빚고 말았다. 무능한 정권에 분노한 에코 세대가 촛불을 들고 거리로 나섰다. 노사 갈등도, 빈부 갈등도, 진보와 보수의 갈등도 아닌 세대 간의 갈등이라는 것이기에 염려스럽다. 에코 세대가 탄핵을 끌어냈지만, 마냥 기쁘지만은 않단다. 아버지와 노골적으로 정치적인 문제로 대립하다가 결국 얼굴까지 붉히며 감정싸움을 벌인다고 한다. 특히 아버지 세대가 분노를 표출하면서 자식 세대와 대립을 하기에 자식들은 집안에서 가시방석이라고 한다. 아버지가 옛날에는 안 그러셨는데 별거 아닌 일에도 울컥울컥 화만 낸다고….

경제 발전으로 삶의 질은 높아가고 과학의 발달로 수명은 늘어난다지만 갈등은 그만큼 심해지고 있다. 빈부 격차가 커지는 것이 세계적인 추세라지만 현재 우리나라는 세대 간의 갈등이 위험 수위를 넘고 있는 듯하다. 촛불시위장 옆에서 태극기를 휘날리며 분노한 노인들의 모습이 예사롭지 않다. 세대 간의 갈등을 넘어 단절을 예고하는 듯하다. 도대체 정치가 국민에게 무엇을 해준다고 이처럼 부모와 자식이 대립하는지 안타까울 따름이다. 최근에 우리나라는 부모와 자식 간에 정치적 성향으로 감정 대립까지 보이는 양상이다.

우리나라는 부모와 자식 간에 유대가 다른 어떤 나라보다 끈끈했던 역사성을 가진 나라다. 그러나 최근에는 세대 간 단절의 양상까지 보여주고 있다. 어쩌면 가난에 찌들었던 부모세대가 오로지 물질에 대한 가치만을 자식들에게 강요하고 정신적인 가치 교육에 소홀한 탓이라 하지 않던가. 미래의 발전은 지식이 아니라 인성에서 온다는 것은 이미 수많은 학자가 경고하고 있다. 더구나 과거의 고리와 단절된 미래는 결코 밝지 않다고 경고한다.

융은 인격이 배제된 사물 중심의 발전에 대해 이처럼 경고한다.

"우리의 마음은 신체와 마찬가지로 이미 존재해 온 요소들로 이루어져 있다. 개별적인 인간의 마음에서 '새로운 것'이란 아득한 옛날의 구성 요소들이 끊임없이 재결합된 것이다. 그러므로 신체나 마음은 현저하게 역사적인 성격을 담고 있으나 새로운 것에 금방 적응하지 못한다. 그런데도 발전이라는 혹은 진화라는 시대적 이름으로 거친 폭력처럼 미래를 향해 튀어나갈수록 우리의 마음에 있는 역사성은 뿌리째 뽑혀 나가게 된다. 옛것이 한 번 파괴되면 그것은 대부분 없어지고 만다. 그리고 파괴적인 전진은 결코 그칠 줄 모른다. 그것은 바로 근원의 단절로 인한 관계성 상실로 이어지면서 '문화 속의 짜증과 성급함'을 야기한다. 그리하여 사람들은 발전의 역사가 전체적으로 완성되지 않은 오늘날을 살아가면서 미래에 황금시대가 오리라는 터무니없는 약속에 의지한다. 하지만 현대인들은 오히려 점점 깊어지는 결핍감과 불만, 초조감에 사로잡힌 채 새로운 것을 향해 어떤 제지도 받지 않고 돌진하고 있다. 앞을 향한 개혁, 즉 새로운 방법이나 '묘안'을 통한 개혁은 지금 당장 확실한 것 같겠지만, 시간이 갈수록 의심스럽고 대부분 값비싼 대가를 치르게 한다. 결국, 현재를 살고 있는 인간이 누려야 하는 즐거움, 만족감이나 행복을 빼앗는다. 미래를 향한 외침은 결국 허울 좋은 사탕발림에 불과하다. 문명의 발달로 시간을 단축한 것을 예로 들면 속도를 빠르게 해서 편리해졌다지만 현대인은 이전보다 오히려 시간이 부족한 삶을 살고 있다."

문명의 발달이 인간의 삶을 편리하게 한다지만 결국 그 문명을 위한 도구로 사용되고, 더 발전된 문명을 위한 노예로 전락할 뿐이다. 문명과 함께 세상이 바뀌었다지만 세 끼 먹다가 때가 되면 죽는 인간 세계는 변한 것이 전혀 없다. 인간은 변해가는 세상 따라 변하는 것이 아니라 살아온 세월 따라 변할 뿐이다. 세상이 바뀌었다고 노인이 아이 되지 않고, 부모가 자식 되지 않는다.

이처럼 자식이 부모와 다른 가치관이 형성된 것을 시대의 탓으로 돌리지 말고 노인기에 접어든 부모가 현실 정치에 대한 행동보다는 자신이 돌아갈 곳을 관조하며 독립된 인격으로 자란 자식들의 선택을 존중해 주는 수밖에 없다. 설사 마음에 들지 않더라도 그 선택이 바르게 나아가도록 기도하는 것이다. 행동이 아닌 말에 힘이 있는 노인의 바른 자세가 이 혼돈의 시대에 필요한 것이 아닐지?

28

아버지도 청년 시절에는 그런 아버지를 미워했다

최근 보수와 진보가 거리에서 격돌하는 모습을 보며 참으로 많은 생각을 하게 된다. 베이비부머가 청년이던 시절에 부모들은 자식들이 거리로 나설 때 숨을 죽이며 기도했다. 자식들이 만들어가는 세상에 그저 다치지만 말라는 간절함으로…. 하지만 불과 한 세대가 지난 오늘날의 부모는 자식을 믿지 못하겠다고 깃발을 들고 거리로 나온다. 그래서 보수를 자청한 부모와 진보를 앞세운 자식이 거리로 나와 서로를 향해 삿대질이다. 예전에는 부정한 정치를 향해 부모 자식이 한마음으로 뭉쳤는데 이제는 부모 자식이 갈라서서 서로 자기편을 주장하다가 자칫 부모와 자식 간에 돌아오지 못할 강을 건널까 염려스럽다.

진보가 보수에게 원하는 것은 시대에 뒤떨어진 대안을 제시하라는 것이 아니다. 격변하는 세상에서 진보가 보수를 향한 외침은 단 하나, 바로 원칙을 지키라는 것이다. 진보는 보수가 더 나은 세상을 만들어주겠다며 그동안 점령해온 기득권을 이용하여 탐욕스럽고 부패한 것을 그만 내려놓으라는 것이다. 사실 아들이 아버지에게 반기를 드는 것은 철들면서 그동안 보지 못했던 아버지의 부정과 불합리를 보기 시작한 탓이다. 어려서는 아버지가 세상에서 가장 정직하고 원칙적인 줄 알았는데, 다른 사람과 다름없이 부패했다는 사실을 알고 좌절하고 저항을 하는 것이다. 성경에는 자녀를 노하게 하지 말라는 것은 바로 이런 상황을 의미하는 것이다.

물론 아버지도 청년 시절에는 그런 아버지를 미워했었다. 그래서 자기만큼은 절대 아버지처럼 살지 않겠다고 했지만, 처자식 거느리고 보니 자신도 속이고 남도 속이며 살 수밖에 없었다. 비록 청년의 시절에는 정의를 부르짖었지만, 자신을 바라보는 식솔의 눈망울을 보면 내 마음대로 살 수 없다는 것을 알게 된 것이다. 부모에 예속된 유년의 시절의 가치관이 다르고 부모로부터 독립하는 청장년의 삶이 이렇듯 다르다. 하지만 어느새 노년에 접어들었다면 가족 부양을 핑계 대며 허물어진 자신을 추스르며 진정 자식에 물려줄 것이 무엇인지 고민할 때가 아닐지? 물론 보수의 입장에서 그동안 일군 것을 두고 떠나려니 진보를 표방하는 자식이 미덥지 않은 것도 사실이다.

　그러나 세상 경험이 없이 현실성이 떨어지는 이상만 추구하는 진보라는 이름의 자식은 그 열정만으로도 진실을 찾을 수 있다. 사실 진보는 보수가 보기에 미숙하지만, 그 열정의 인생을 겪은 만큼 불어나는 속임수는 아직 없기 때문이다. 진보가 보수에게 자신들을 이해해 달라는 것이 아니라 진보가 뼛속까지 그리워했던 원래 아버지의 모습으로 돌아가기를 원하는 것이다. 예전에 그들에게 그토록 강조했던 정직과 원칙을 회복하고 누구에게도 부끄럽지 않은 아버지가 되라는 것인데…, 아버지가 펑크스타일을 하고 아들의 여자 친구와 신명 나게 놀아보자고 한다. 세상은 바뀌었는데 그동안 매여 살아온 세상이 억울하다며….

　진보에게는 자식이며, 보수에게는 손주인 이대남의 눈에 보이는 어른의 모습은 어떻게 비칠지 걱정이다. 정치권에서 부추겨진 진보와 보수는 서로에게 손가락질하며 나라의 미래를 걱정한다지만 결국 자기 잇속일 뿐이다.

한때 전 세계를 지배하면서 해가 지지 않는 나라로 유명했던 영국의 경기가 심하게 하강하고 있다고 한다. 그 전환 시점이 바로 2016년 6월에 영국에서 실시된 브렉시트의 국민 투표가 찬성으로 확정된 이후라는 평이다. 사실 진보인 젊은이들은 유럽연합에서 탈퇴하고 싶어 하지 않았지만, 보수층에서 탈퇴를 원했기 때문에 영국 국민 72.2%의 투표율에 51.9%의 찬성으로 탈퇴가 확정되었다. 이때 금융 등 세계적인 동조화로 미래 먹거리를 찾아야 하는 젊은이들은 분노했다고 한다. 왜 노인이 자신들의 미래를 결정하느냐고. 그러자 무조건 과거를 고집하며 유럽연합 탈퇴에 찬성표를 던진 노인들이 정작 브렉시트가 무엇이냐고 물었다는 웃픈 세대 간의 갈등이다.

인류 역사 이래로 과학 문명의 발달이 가장 빠른 20세기를 지나 21세기에 접어들면서 과학 문명 발달의 가속화는 점점 더 빨라지고 있다. 과거 농경사회와 전혀 다르게 급변하는 과학 문명의 발달로 인해 대다수의 사람들이 정신병에 걸릴 지경이라고 할 정도다. 스캇팩 박사는 이처럼 급변하는 환경변화에 적응하지 못하는 것을 '전이'라는 표현을 쓴다. 그는 환경에 적응을 못 하는 것이 자기 탓이라는 신경증과 상대 탓이라고 생각하는 정신분열증으로 나타난다고 한다.

문명은 그 어느 시대보다 발달했다지만 정신적인 발달이 따라가지를 못하는 현실이다. 미성숙한 아버지와 미성숙한 자식이 거대한 물질문명에 매몰되면서 서로에게 등을 돌리고 있으니 인류의 미래가 밝지 못하는 것은 아닐지? 결국 아버지 된 자가 영적인 성숙함으로 후대를 위한 것이 무엇인지 고민해 볼 때가 아닐지?

젊은이가 어떠한 것으로도 노인을 따라잡을 수 없는 것은 바로 나이이다. 세상을 살아가는 것에 필요한 모든 지식을 학습하고, 솔로몬처럼 지혜롭다 해도 밥그릇 수는 좁히지를 못한다. 결국, 노인이 젊은이를 이길 것은 바로 나이에 따른 인생 경륜이다. 그러니 노인과 젊은이가 양 팀으로 나뉘어 서로를 이해해달라고 소리치지 말고 노인은 노인의 자리를 지키며 젊은이가 늙어 이해할 때까지 기다리면 된다.

비록 혈기 왕성한 청장년 시절에는 아버지를 이해 못 했지만, 자식이 아버지가 되어 그때의 아버지를 이해했다면 서로 이해한 것이다. 하지만 최근에는 부모 나이가 되어도 부모를 이해를 못 하는 자식이 대부분이다. 그러면 부모와 자식 간의 고리는 더 이상 이어지지 않는다. 아무리 부모가 부귀영화를 물려주어도 부모의 생각을 이어받지 못한다면 남보다 못한 강도일 뿐이다. 결국 부모가 바른 가치관을 자식에게 물려주고 그런 가치관으로 살아가기를 기도해야 하건만….

29

축복과 저주권을 가진 아버지

볼프강 아마데우스 모차르트, 그도 타고난 음악 천재였다. 1756년 1월 27일 잘츠부르크에서 태어난 모차르트는 글을 쓰기 전부터 바이올린을 켰다고 한다. 네 살 때는 하프시코드를 연주하기 시작했고, 다섯 살 때는 작곡했단다. 더하여 한 번 들은 곡을 재연하는 것을 물론이고 즉흥 연주에도 능했다고 하니 그는 음악에 관한 타고난 천재였다. 그의 천재성에 관한 일화 중 하나가 그레고리오 알레그리가 작곡한 〈미제레레〉의 10여 분의 연주분량을 미공개 악보를 한 번 듣고 전부 암기하여 악보로 옮긴 일이다.

결국, 천재는 스승이 전혀 필요하지 않고 타고난 재능을 그대로 발현하는 것이다. 그래서 간혹 천재를 직감한 부모가 그런 천재성을 발달시켜 보겠다고 교육을 하는데 자칫하면 오히려 부작용을 낳을 수 있다. 최근에 우리나라에서도 천재성을 지나치게 의식해 조기 교육으로 인해 더 망가지는 경우가 종종 있다. 말 그대로 천재는 스스로 자체 발전해 나가야 하는데 부모들의 조급함이 타고난 천재성을 소멸시켜 버리는 결과를 낳기도 한다.

아들이 음악 천재인 것을 안 모차르트 아버지는 그가 여섯 살이 되던 해부터 연주여행을 시작했다. 물론 돈을 벌기 위한 것이었다. 1762년부터 서유럽 각국에서 연주하면서 모차르트는 수많은 곡을 작곡했다. 이때 그의 첫 교향곡인 〈교향곡 1번〉과 〈교향곡 4번〉을 작곡했는데 이때 모차르트의 나이는 불과 여덟 살이었다. 이후 모차르트는 수많은 작품을 발표하며 엄청난 명성을 얻게 된다. 이처럼 일찍부터 천재성이 발현된 모차르트는 돈과 명예에 취해 방탕한 생활을 한다.

그러나 모차르트가 청년이 되면서 부자간에 갈등이 시작된다. 다름 아닌 모차르트가 사랑에 빠졌기 때문이다. 오페라 가수 알로지아 베버와 연애 감정에 빠지자 아버지는 크게 분노하며 다음과 같은 편지를 쓴다.

"너의 편지는 마치 소설과 같다. 너는 연고도 없는 사람과 떠돌아다니면서 너의 명예와 늙은 부모를 저버리고 고향 사람들의 웃음거리가 될 셈이냐. 내 아들, 너는 어려서 이미 세계적인 명예와 명성을 획득했다. 지금 너는 하나님이 주신 비범한 재능을 가지고 일찍이 어느 음악가도 미치지 못한 최고의 명예로운 위치까지 자기를 높일 수 있는 기로에 서 있다. 네가 기독교인다운 생활을 해서 역사에 남는 유명한 음악가로 죽게 될지 아니면 계집에게 사로잡혀 굶주림에 아우성치는 자식들이 들끓는 볏짚에서 비참한 죽음을 맞이할지는 오로지 네 마음가짐에 달렸다."

하지만 여인의 달콤함에 취한 모차르트는 아버지의 경고에도 불구하고 첫사랑 베버의 여동생 콘스탄체 결혼을 하며 아버지와 결별한다. 27살이 된 모차르트는 보란 듯이 성 슈테판 성당에서 화려한 결혼식을 올린다. 하지만 결혼생활을 순탄하지 못했다. 특히 콘스탄체의 성격이 변덕스럽고 사치와 낭비가 심했다고 한다. 9년이라는 길지도 않은 결혼생활 동안 여섯 명의 아이를 낳았으나 네 아이가 1년도 넘기지 못하고 죽었다. 결혼 후에 오페라 〈피가로의 결혼〉과 〈돈 조반니〉가 큰 성공을 거뒀지만 둘 다 재테크와는 담을 쌓은 데다 근검절약과는 거리가 멀어 갈수록 빚이 늘었다.

모차르트의 마지막 4년은 가난에 찌든 삶이 더 악화되었다고 한다. 그래서 돈을 벌기 위해 유럽의 각 도시를 돌며 연주회를 열었지만, 어느하나 성공하지 못했고, 몸에 병까지 든다. 1791년 12월 5일 모차르트는 37살의 나이로 죽는다. 그가 죽던 날 세상은 캄캄해지고, 심한 폭풍우가 몰아쳤다고 한다. 당시 모습을 지켜봤던 Joseph Deiner는 1856년 회고록에서 그의 죽음에 대해 다음과 같이 썼다.

"그저 몇 명의 지인만이 참석한 초라한 장례식에 아내 콘스탄체는 몸이 아파서 불참했고, 돈이 없어 묘를 쓰지 못했다. 그래서 다른 시신들과 합장됐는데 매장할 때 아무도 따라가지 않아 어디에 묻혔는지 알 수 없다. 그토록 경쾌하고 아름다운 음악을 창작해서 수많은 사람들의 영혼을 달래주었던 천재 음악가 모차르트의 마지막이 이토록 처참했다는 것이 믿기지 않을 정도다. 어디에 묻혔는지 확인할 수 없어 현재는 근처에 기념비만 있다."

그는 결국 아버지의 저주대로 된 것이다. 만일 그가 아버지의 말을 듣고 음악에 열중했다면 더 많은 곡을 남겼을지도 모른다. 결국, 이런 천재는 단지 개인의 재능이 아니다. 하나님이 그런 재능을 주었을 때는 그 재능을 활용하여 더 큰 업적을 남기라는 이유가 아닐까.

요즈음 아버지의 자리가 집에서 기르는 반려견 밑으로 내려갔다고 할 만큼 땅에 떨어진 아버지의 권위는 하나님이 부여한 권한이며, 이는 아버지에게 자식에 대한 축복과 저주권이 함께 있다는 것을 엄마가 알고 있어야 한다. 엄마는 아들이 잘못되면 눈물로 기도하지만, 아버지는 저주를 퍼부을 수 있다는 것을….

노아는 하나님이 홍수로 세상을 심판했을 때 살아남았다. 그런 노아는 아버지를 부끄럽게 한 둘째 아들, 함에게 저주를 퍼붓는다.

"너는 저주를 받아라. 너는 형제 중에 가장 낮은 종이 되어 형제를 섬기게 될 것이다."

4부

한국 남자가

변했어요

흔히 유럽에서는 중국인, 일본인, 한국인을 같은 모양으로 인식하는데 완전히 다르다는 걸 이제 알게 되었다. 중국인은 째진 눈에 마른 체격, 황색 눈이고, 일본인은 작고 잽싸지만, 한국인은 검은 피부에 건장하다는 특징으로 나뉜다.

건장한 체구의 조선 남자들은 모두 담배 파이프를 입에 물고 빈둥거린다. 반면 여자들은 집과 마당을 오가며 부지런히 일을 하고 있다.

조선의 남자들이 이렇게 일을 안 하고 노는 이유는 관리들이 도둑과 같기 때문이란다. 애써 돈을 벌어봐야 소용없기에 차라리 노는 것을 택한다고 한다. 하지만 이들은 낯선 사람에게 아주 친절하고 정직했다. 그리고 가난해도 강도나 도둑이 없다는 것이다.

- 오스트리아인 헤세 바르텍의 여행기 『조선 1894년 여름』

30
한국 남자

지구상에는 수많은 인종이 살고 있다. 체구가 다르고 피부색도 다른 만큼 민족성도 다르다. 이유는 정신이나 영이 다르기 때문이다. 앞서 말해 왔듯이 남자는 정신력이 우위에 있고 여자는 영적인 능력이 우위에 있다는 것은 보편적인 진리다. 남자는 다시 육체와 정신으로 나뉜다고 했다. 건강한 신체와 우수한 정신력을 동시에 겸비한 남자는 없다고 했다. 그래서 남자는 다시 신체가 우월한 민족과 정신이 우월한 민족으로 나뉜다.

역사는 이 두 남자의 성향으로 오늘까지 발달해 왔다. 문명이 발달하지 않았을 때는 주로 신체가 우세한 민족이 사냥이나 전쟁에서 우위를 차지한다. 중세 이전까지는 이처럼 힘이 있는 나라가 강대국이었다. 한국 남자는 신체적으로 열세에 있다 보니 늘 침략을 당하는 쪽이었다. 그러나 침략을 하는 것이 남자답고, 침략을 당하는 것이 남자답지 않다는 판단은 옳지 않다. 역사적으로 강한 남성성으로 침략을 일삼다가 일시적으로 강대국이었으나 이내 침략을 받아 현재는 흔적도 없이 사라져 버린 나라가 대부분이다. 한국 남자들은 비록 힘 우위의 강한 기질은 없어도 정신이 바른 가치관을 가진 특성이 있단다. 그래서 힘으로 침략하기보다는 위기에 처한 나라를 위해 자기희생을 주도하는 의병이나 의인 등이 많았다.

이처럼 신체적으로 열세이기는 하지만 강한 정신적인 에너지로 수많은 외침에도 굴하지 않고 5천 년의 역사를 이루며 버티어 왔다. 아마도 지구상에 이처럼 오랜 역사를 가지고 단일 민족을 형성하며 내려온 나라는 거의 없을 것이다. 한국 남자에 대한 이런 특성은 기록된 문서에서 알 수 있다. 18세기 프랑스 선교사가 한국 남자를 보고 평가한 기록이 남아있다.

"조선의 남자는 밤에도 눈이 빛난다. 지독히 가난한 나라이지만 특이하게 도둑이나 강도가 들끓지 않는 나라다. 결국 최악의 상황에도 남을 희생 시키기보다는 자신이 희생하는 한국 남자의 특성이 있다."

2018년 방영된 〈미스터 션샤인〉을 보면서 많은 생각을 하게 한다. 불과 100년 전 이 땅에서 있을 법한 상황이라는 것이 느껴졌다. 당시의 의병을 찍은 사진 한 장을 본 작가의 상상력으로 만들어 낸 작품이라지만 현실감이 느껴진다. 당시 세계라는 곳에 대한 사전 지식이 전혀 없는 폐쇄된 한민족은 물밀 듯이 들어서는 외국의 문물을 접하면서 겪는 충격이 엄청났을 것이다. 더구나 오백 년을 이어온 국가의 제도와 질서가 붕괴되면서 인간의 가치가 파리 목숨만도 못하는 지경에 처해 있었을 당시의 상황에서 의연했던 민초들….

하지만 백정의 자식이나 노비의 자식이나, 아비에게 팔려가 남편을 죽인 여인이나, 신지식을 받아들인 양반집 아들이나, 양반집 딸이나, 나라를 빼앗기는 과정에서 상상을 초월하는 고통을 초연하게 받아들이는 이 민족의 존귀한 모습. 비록 시청자들이 간절히 소망하는 오래오래 행복하게 살게 해달라는 바람은 안 이루어졌지만 청년들이 모두 죽었어도 해피엔딩으로 막을 내리는 느낌이었다. 사랑에 대한 고정 관념도 깨준 드라마다. 옷깃만 스쳐도 가슴 저린 사랑이라는 것을 느끼게 했다. 설사 한 이불을 덮고 깨알같이 사랑하며 산 기억은 없어도 한순간에 스쳐 간 사랑의 마음이 영원히 품을 만큼 아름다운 사랑으로 느껴지기도 했다.

가난하고 침략당해서 비참하기보다는 그런 최악의 상황에도 의연하게 대처하는 모습이 오히려 민족적인 자부심을 느끼게 하는 한 편의 드라마였다. 이런 드라마는 당시 많은 사람에게 감동을 주며 막을 내렸다. 드라마에 나오는 3명의 남자는 결국 모두 죽는다. 천한 신분의 백정 아들이나 노비 아들이나 신교육을 받은 양반집 아들이나 한 여인을 사랑하면서 기어코 스러져가는 나라를 위해 기꺼이 목숨을 바친다.

그들이 목숨까지 바쳐 저항했지만 결국 나라를 빼앗겨 암울한 시대가 전개되지만 해피엔딩의 느낌이었다. 드라마에 이런 대사도 나온다. "빼앗기면 되찾을 수 있으나 내어 주면 되돌릴 수 없다고." 그래서 비록 질 것을 알지만, 끝까지 저항했던 모습도 한국 남자의 특징이다.

100년 전 나라를 빼앗기는 과정에 강대국으로부터 핍박받는 민초들의 처참한 모습을 보여주지만, 모두가 존귀한 모습이었다. 성 상납이라는 현실에서 아들을 구하려는 노비 엄마가 제 목숨을 버리고 아들을 구해내는 마지막 모습도 인간답고, 백정이라는 신분에서 짐승처럼 죽임을 당하는 아들을 구해내려고 살인도 마다치 않는 어머니의 모습도 인간답다. 비록 그런 엄마의 도움으로 살아난 아들들은 결국 한 여자를 사랑하기에 빚진 것도 없는 나라를 위해 기꺼이 목숨을 바친다.

요즈음 막장이라는 장르의 드라마가 인기리에 방영된다. 막장 드라마는 일반 사람의 상식과 도덕적 기준으로는 이해하거나 받아들이기 어려운 내용, 억지스러운 상황 설정, 얽히고설킨 인물 관계, 불륜, 출생의 비밀 등 자극적인 소재로 구성된다. 자신의 이익을 위해서 모든 관계를 망가뜨리는 막장, 비록 가상의 드라마라고 하지만 생각 없이 보다 보면 죄나 도덕에 무감각해진다.

막장 드라마의 설정과 달리 가족이나 대의를 위해 자신을 기꺼이 희생하는 마음을 하나님은 인간의 내면에 심어 놓으셨다. 그래서 남자는 나라를 위해 자신을 기꺼이 던지고, 여자는 자식을 위해 자신을 기꺼이 던진다.

31

최고의 신랑감으로 부상하는 한국 남자

요즈음 한국의 청년들이 세계적인 신랑감으로 떠오른다고 한다. 하지만 얼마 전까지만 해도 동양 남자의 인기순은 가장 낮은 단계에 있었다. 1990년대 이탈리아에서 성악을 공부했던 성악가가 했던 말이 생각난다. 동양인이었던 그가 유럽에서 공부하는 어려움 중 하나가 외모 때문이라며 다음과 같은 말을 했다. "외모 순위를 나열하면 백인 남자가 일등이고, 이등은 흑인이며 삼등은 반려동물, 4등이 동양 남자이다." 물론 웃자고 한 말이지만 반려견보다 호감도가 떨어진다는 동양 남자. 그랬던 동양 남자인 한국 남자에 대한 호감도가 최근에 급상승했다고 한다.

한국 남자에 대한 호감도가 높아진 이유는 나라 경제가 좋아진 것도 있지만 최근 들어 한국 남자의 외모가 급격하게 수려해진 덕분이다. 특히 키가 서양 남자와 별 차이가 나지 않을 만큼 커졌다. 2016년 영국에서 조사한 자료에 의하면 한국 남자의 평균 키가 175인데 이는 100년 전보다 무려 15센티가 더 커졌다. 세계 200개 조사 국가 중 이란과 그린란드 다음으로 세 번째로 한국 남자의 키 성장 폭이 크다고 한다. 그런데 놀랍게도, 경제학계에는 '키가 클수록 소득이 더 높아진다'는 이른바 '신장 프리미엄'이 있다고 한다. 미국 경제학자 댄 실버맨은 2004년 논문에서 백인 남성 근로자의 키가 1인치 클수록 월급이 1.8%씩 늘어나는 상관관계를 보였다고 밝혔다. 우리나라에서도 박기성, 이인재 교수는 한국 30~40대 남성을 분석한 결과 키가 1cm 증가하면 시간당 임금은

1.5% 상승하는 신장 프리미엄이 존재한다고 주장했다.

이들 학자는 그 이유를 '사회화 과정'에서 찾는다. 청년기부터 키가 크면 스포츠, 이성 교제, 교내외 활동 등이 활발해져 리더십, 자신감, 대인관계 기술 등의 인적자본을 쌓을 기회를 더 자주 얻게 된다는 것이다. 그 결과 대학 진학 등 고학력으로 이어지고, 졸업 후 노동시장 임금에도 일정 부분 영향을 미친다는 가설이다.

이처럼 대한민국 청년들이 외모에 자신감을 가지면서 자기 관리를 하고 전통적인 남존여비 사상에서 탈피한 것은 물론 가정일에서도 소극적인 자세에서 벗어나 시대에 맞게 적극적인 자세로 변화했다. 그동안 전통적으로 여자들이 해 오던 가정일을 현대에 들어 여성들은 스스로 굴레라고 주장하며 남자는 손 하나 까딱 않고 받아만 먹는다고 비난해 왔지만, 이제 남자라서 못 하는 것은 전혀 없다. 음식은 물론, 설거지, 청소, 빨래 등 가리지 않고 하고 이제 아이마저도 잘 키운다. 물론 공자가 보면 놀랄 일이기는 하지만 말이다.

이에 한국 남자는 글로벌 기준으로 그들의 약점을 보완하면서 발전한 결과 세계적인 신랑감으로 부상했다. 방탄소년단이 세계를 휩쓴 것도 결코 우연한 일이 아님을 알 수 있다. 이뿐 아니라 최근 들어서는 한국 남자들도 유럽 여자들을 속속 신부로 맞아들이고 있다. 물론 일본이나 동남아 여자들도 한국 남자와 결혼하고 싶어 한다고 한다.

한국 남자가 달라지고 최고 신랑감으로 부상했지만 한국 여자에 대한 외국 남자들의 선호도는 떨어졌다고 한다. 한때 호감도 일등을 달렸지만, 지금은 기피 대상 1위라는데 충격적인 사실이 아닐 수 없다. 그 이유가 한국 여자는 가정을 돌보는 것보다 외모를 가꾸고, 외식을 좋아하고,

가족 간 유대를 싫어하기 때문이란다. 어떻게 그런 것을 그들이 먼저 알았는지…? 그런데도 한국 여자들은 아직도 자신들이 일등 신붓감이라는 착각에 빠진 것 같다.

호주에서 한국 남자에게 시집온 니콜라는 서구인과 사는 한국 여자가 왜 한국 남자와 결혼했느냐며 이해할 수 없다는 태도에 불쾌했다고 한다. 그러면서 니콜라는 대부분의 한국 여자는 한국 남자가 서구 남자보다 못하다는 인식이 있다며 한국 남자와 결혼을 한 자신을 무시하는 것처럼 느껴졌다고 했다.

니콜라는 호주에서 한국 남편을 만나 결혼을 하고 시집살이를 하기 위해 한국으로 왔다고 했다. 그리고 시댁인 전라남도 무안에서 수년간 시댁 식구와 함께 살았다고 했다. 변변한 문화생활도 없는 시골 생활을 한 그녀에게 그 이유를 물으니 그녀는 간단하게 대답을 했다. 사랑하는 남편을 더 알기 위해서였다고….

오늘날 한국 여자들은 시댁을 '시월드'라고 하며 시집살이는커녕 어쩌다 한 번 시댁에 가는 것마저 꺼리면서도 장모 사랑이 먼저라며 남편이 친정에는 잘하기를 바란다. 이와 달리 남편에 대해 더 알고 싶어 시집살이 자처하는 파란 눈의 며느리….

이제 어떤 여자를 아내로 맞이하든 그것은 남자들의 선택이다. 당연히 세계적인 일등 신랑감이니 선택의 폭은 그만큼 넓어졌다. 한국 남자, 이런 순위 변동에 자신감을 가질 때가 되었다.

<u>32</u>

이제 나를 위해 살고 싶어

사람들이 죽을 때 두 가지를 후회한단다. 첫째 좀 더 참을걸. 그리고 좀 더 베풀걸. 하지만 최근 여론조사에서 호주 남성은 전혀 다른 대답을 했다. 첫째 참지 말고 좀 더 화를 낼걸, 둘째 남에게 베풀지 말고 좀 더 자신을 위해 살걸 하며 후회했다고 한다.

최근 우리나라 여자들은 남편에게 가족을 위해 좀 더 참고, 좀 더 베풀라고 한다. 그래서 돈도 잘 벌어오고, 요리는 물론 살림도 잘하고, 더하여 자식과도 잘 놀아주는 남편이 '짱'이라며 그런 남자에 열광한다. 연일 그런 남편들의 모습을 보여주는 텔레비전을 보며 시청자들은 곁에 있는 무능한 남편(가부장적인 남편)을 향해 불만을 쏟아 낸다. 그리고 남편 복도 지지리 없다며 스스로 낙인을 찍고 동네방네 돌아다니며 남편 흉을 본다. 그래서 여자들이 모이면 남편은 가장 씹기 좋은 안줏거리다. 방송에도 중년을 넘긴 여자들은 모여 앉아 은퇴한 남편의 흉을 보면 함께 모여있는 여자들은 격하게 공감하며 깔깔댄다. 특히 평생 해왔던 일을 그만두고 퇴직하여 집으로 돌아온 남편을 집중적으로 공격한다. 꽤 이름이 알려진 여자 연예인은 자기 남편이 가을날 신발에 딱 붙어 절대 떨어지지 않는 젖은 낙엽과 같다고 하며 웃었다. 그러면서 아내에게 절대 떨어지지 않고, 혼자는 아무것도 못 하는 못난이라고 대놓고 조롱하는 모습을 보면 씁쓸하다. 그래도 한때 사랑해서 자식까지 낳고 사는 배우자를 그토록 공개적으로 망신을 준다면 차라리 갈라서는 것이 인간의 도리다. 노년에 자식도 있고 손주들도 본다는 것은 생각하지도 않는지….

방송마다 이런 장면이 아주 흔하다. 젊은 부부나 늙은 부부나 서로가 소중한 느낌은 전혀 없고 그저 평생 원수처럼 내 인생 망친 주범이라고 삿대질이다. 물론 역사 이래로 남성들이 여성을 억압해 온 것은 사실이다. 그래서 20세기에 들어 남자들이 그런 태도를 적극적으로 바꾸려고 시도해 왔다. 하지만 여자들은 아직 멀었다고 더 잘하라고 소리친다. 그러면서 여자를 우대하고 가정에 충실한 선진국 남편을 본받으라지만 정작 선진국 남자들은 여자들이 요구하는 것을 들어주다가 인생 털렸다고 하는 것 아닌가? 이제 내 인생을 살고 싶다고 하건만.

이런 남자의 마음을 모르고 여자는 이제 남자를 지배할 수 있다는 성취감에 취해 마구 떠들어대는 것이다. 그런데 여자가 모르는 것이 있다. 만일 남자가 마음을 바꾸면 여자와 같은 감성이나 인정스러운 마음은 사라진다. 비록 가족이라도 공격당하고 무시당한다는 굴욕감이 심해지면 더 이상 남편이나 아버지 역할을 하지 않고 과감하게 집어 던진다. 또한 남자는 심하게 상처받았을 때 동굴로 들어가 버린다. 그래서 노숙자나 자연인은 남자만 할 수 있다. 이처럼 홀연히 가족과 단절할 수 있는 것도 남자이고, 반대로 분노로 공격하는 것도 남자다.

이를 여자의 견해에서 좋다 나쁘다로 해석하지 말고 남자의 특성으로 이해해야 한다. 그러니 여자가 남자의 이런 특성을 알고 반응을 해야 한다. 부부도 부모 자식도 서로 넘지 말아야 할 선을 알고 존중하는 것이 가족이라는 것을 잊지 말아야 한다. 그런데도 여자들은 특유의 자기 생각으로 떠들면서 웃자고 한 것이며 그것도 이해 못 하는 속 좁은 남편이라고 다시 남편을 공격한다. 가족끼리? 가족이니까 그만큼 상대에 대한 배려가 선행되어야 하는데 어쩌자고 남보다 못하게 서로를 공격하며 상처를 주는지 이해하기 어렵다.

그래서 칼 융은 이런 여자를 '여자를 잘못 대변하는 사냥개'라는 표현을 쓴다. 이런 여자들은 나름 지적이고 비판적이어야 한다는 의식 아래 꼬치꼬치 따지며 논란을 벌이지만 근본적인 목적은 약점만 부각하며 본질과 다른 삐뚤어진 관점으로 복잡하게 뒤섞는다고 한다. 그런 여자는 자기도 모르게 오직 남성을 화나게 만드는 것을 겨냥한단다. 그러면서 자기도취에 푹 빠져 언제나 '내가 옳아.' 한단다.

최근 여성들이 모든 자리에 포진하여 남자들에게 더 많은 권한을 빼앗으려고 아우성이지만 남자가 봐주겠다는 경계수위를 넘어선 것 같다. 이미 암암리에 남자들의 공격이 시작되었다. 이제는 나만을 위해 살고 싶다지 않은가? 사실 남자는 참을 수 있을 때까지 참지만 일단 분노가 폭발하면 그 분노가 어디로 튈지 아무도 모른다. 그리고 여자는 입으로 모든 것을 발산하지만 남자는 분노를 마음에 쌓고 쌓인 분노가 언제 폭발할지 아무도 모른다.

더구나 경제도 어렵고 나라 상황도 예전 같지 않다. 800만 인구의 은퇴가 시작되었고, 누구보다 교육을 잘했다고 자부했던 자식의 취업도 어려워지고 있다. 이제 여자냐 남자냐를 두고 서로 자리 다툼하는 시대가 아니라 누가 양보할 것이냐를 고민해야 할 때다.

부디 세상 좀 살아봤다는 노년의 여자들 입 다물고 집을 지키며 남편과 부모를 떠나 먹고 살기 위해 취업전선에 뛰어든 자식을 위해 기도할 때가 아닐지?

33
대한민국 아내들은 남편이 바뀌는 것을 아직도 모른다

흔히 여자들이 하는 말이 있다. 남편에게 가장 중요한 것, 5가지를 꼽으라고 하면 첫째는 아내, 둘째는 마누라, 셋째는 와이프, 넷째는 처, 다섯째는 집사람이란다. 물론 여자들은 그저 남편이 늙으나 젊으나 아내 뒤를 쫓아다니며 귀찮게 하는 존재라고 주장하는 것이다. 그러나 이런 주장 이제 더 이상 통하지 않는다. 남자들이 아내나 자식에게 매여 자신의 인생을 낭비하고 싶어 하지 않는다는 게 최근 트렌드기 때문이다.

최근 대기업 임원에서 퇴직한 50대 김 씨는 24년간의 결혼생활을 정리했단다. 나름 대기업에서 동료보다 빨리 승진하는 등 회사에서 이른바 잘나가는 샐러리맨이었지만 회사 일과 달리 가정에는 소홀했다고 한다. 이러한 이유로 아내에 대한 미안함도 있겠지만 다른 한편으로는 나중에 비참하게 버림받을지 모른다는 불안감이 엄습해 왔다고 한다. 두 딸은 이제 졸업해서 사회생활을 하고 있고 집도 한 채 있는 터라 훌훌 털어버리고 헤어지는 게 마지막 자존심이라고 생각하고 선제공격을 한 것이다. 그는 아직 일할 수 있는 나이니 오피스텔을 얻어서 나가면 그만이라는 생각으로 이혼을 감행했다.

이처럼 이혼을 하지는 않지만, 생활비를 주지 않는 가장도 늘고 있다. 이혼할 만큼 부부간에 문제가 있는 것도 아니면서 생활비를 안 주니 황당하다며 가정상담소를 찾는 아내가 늘고 있다고 한다. 60대에 진입한 베이비부머 세대들은 불화가 심해도 가족 부양을 위해 희생하는 것이 삶의 보람이며, 곧 가장의 자존심으로 생각하며 생활비를 끊지 않는데 현재 중년인 50대는 이런 의식이 희박하다. 이처럼 남편들의 의식이 급격하게 변하고 있는데도 아내들의 이를 따라가지 못하는 것이 문제다.

특히 현 사회는 혼자 벌어 살기가 어려운 구조로 변해가지만 유독 우리나라는 전업주부 비율이 높다. 그러면서도 전통적인 어머니들처럼 분수에 맞게 알뜰하게 살림을 하지도 않는다. 특히 아내들은 자기 치레에 돈을 쓰고, 더하여 자식 교육비에는 절대 양보가 없다. 분수에 맞지 않는 취미나 명품을 고집하고, 자녀 사교육에 집착하며 수익에 불균형이 오는 것을 남편의 무능으로 치부한다. 처음에는 이런 상황에 대한 인식이 부족했던 남자들이 결국 밑 빠진 독에 물 붓는 꼴이라는 것을 알기 시작했다.

거기다가 자식에게 아버지의 권위도 인정받지 못한다. 힘들게 일한 직장에서 돌아와도 아버지를 위한 자리는 없다. 오로지 자식 공부 방해자가 되지 않으려고 숨을 죽이고 있었다. 그러면서 남편들은 점점 소외감을 느끼고, 더구나 은퇴가 다가올수록 삶에 회의를 심하게 느끼기 시작한다. 결국, 그동안 가족들과 맺은 정서적, 심리적인 유대관계가 깨져버린다. 이전에 가족을 위해 온몸을 불사르겠다는 열의는 사라지고 가족과 분리된 자신을 돌아보게 된다. 그리고 생각하게 된다.

'단순히 돈을 벌어오는 기계취급밖에 못 받는데 내가 왜?'

결국 남편 돈을 받아 계획성 없이 펑펑 쓰기만 하는 아내에게 소리친다.

"나는 더 이상은 못 번다. 부족하면 네가 나가서 벌어!" 그리고 한 마디 더한다. "다른 여자들은 남는 시간에 재테크해서 재산을 불리는데 너는 집에서 뭐 하고 놀고 있어? 이제 나도 내 인생을 살 거야!"

앞서 말했듯이 남자는 예고 없이 바로 행동에 돌입한다. 여자는 이런 남자의 태도에 무계획적이고 돌발적이라지만 이미 남자는 마음에 계획을 쌓고 있었던 것이다.

이런 남자의 변심은 전통적인 가부장적인 가정의 위계가 변하고 경제 상황도 달라졌지만, 무엇보다도 수명이 길어졌다는 점도 한몫한다. 예전에는 퇴직연령도 상대적으로 늦었고, 퇴직 후 생존 기간이 길지 않았다. 그런데 100세 시대를 살려 하니 50대에 퇴직하고, 이후로 50년을 더 살아야 한다. 또한, 남자는 여자와 달리 가족이나 개인적인 관계성이 취약하다. 가족이 자신을 몰라주면 쉽게 배신감을 느끼고 방향 전환을 한다. 여자는 보여주기식 행동이 많으나 남자는 쿨하게 실천을 한다. 그래서 칼 융의 심리분석에 의하면 자살 시도는 여자가 많지만 성공률은 남자가 높다고 한다.

그동안 페미니스트들의 힘을 받아 여자가 자기 권리를 찾겠다는 무차별적 공격에 밀리기만 했던 남자들의 반격이 시작된 것을 아직도 여자들이 인지하지 못하고 있다. 말로 공격하는 여자가 남자에 대해 모르는 것이 있는데 남자는 문제라고 인식되는 순간 가차 없이 실제 공격을 한다고 칼 융이 말한다. 다시 말하면 남자는 여자에게 무시당하는 존재가 아니라 조심해야 할 상대라는 것을 여자가 모른다. 그저 여자는 생각 없이 자기 생각을 쉽게 드러내지만 남자는 자기 생각을 드러내지 않고 마음에 쌓아두었다가 때가 되면 행동으로 들어간다. 남자와 반평생을 살면서 이것조차 모르는 여자라면 인생을 헛산 것이 아닐지.

거기다가 60대 이후 노년의 여자가 유독 남편을 무시하며 공개적으로 비난하는 것도 은퇴를 앞둔 50대 남자를 자극하는 원인도 되고 있다. 결국, 가장으로 열심히 돈을 벌어 처자식 먹여 살려 봤자 늙어서 대접도 못 받겠구나, 생각하게 하는 이 사회, 이제 남자의 반격이 본격적으로 시작되는 것이 아닐까 염려된다.

<u>34</u>

새 인생을 계획해 보는 것은 어떨지

요즈음 우리나라에서는 아버지들에게 돈 버는 유세를 그만 떨고 아내가 하는 살림도 도와주고, 자식에게 다정다감한 아버지가 되어 놀아주라고 한다. 그러면서 과거의 가부장적인 아버지의 권위적인 태도로 여자들이 상처받았다며 먼저 죄인의 자리에 앉아 반성문부터 쓰라고 한다. 그러나 현재 은퇴를 바라보는 아버지 세대가 그토록 여자들에게 죽을죄를 지었는지 생각해 볼 일이다.

경제활동을 접고 이미 은퇴가 시작된 이 나라 베이비부머 세대는 그어느 세대보다 치열하게 살아 이 나라 경제 발전의 주역이었다. 1970, 1980년대, 이 나라 경제부흥이 시작되면서 한창 세를 키워나가는 기업에 취업하여 영어도 제대로 하지 못하면서 두려움에 휩싸여 미국으로 가고, 매너도 갖추지 못한 채 허풍스럽게 유럽으로 가고, 또한 가족을 떠나 사막의 뜨거운 바람에 타들어 가는 고통도 마다치 않고 중동에 갔다. 실체도 분명하지 않은 뜨거운 야망을 가슴에 품고 자신은 잊고 오로지 가족을 위해 정신없이 가장의 역할을 수행했던 것이다.

또한, 지독히 가부장적인 아버지를 보며 자신은 선진국형 아버지처럼 자식 위주로 살려고 노력했다. 자신들처럼 돈이 없어서 하고 싶은 것을 못 해주는 아버지가 되지 않으려고 죽을힘을 다해 벌어서 뒷바라지한 것은 자식에게 없어서 못 했다는 소리를 듣지 않기 위해서였다. 그래서 돈이 되는 것에 절대로 몸을 사리지 않았다. 가족을 떠나 낯선 나라에 가는 것도 마다치 않고 야근을 하고 출장을 다니느라 가족과 함께 하는 시간이 없었을 뿐이었다. 현대 사회는 일자리 경쟁에서 이겨야 내 식구를 배불리 먹이고, 내 자식을 남보다 우월한 환경에서 공부를 시킬 수 있기 때문이다. 이처럼 베이비부머 세대의 남자는 아내와 자식을 위해 온몸을 불사른 셈이다.

그래서 아내나 자식이 그것에 대한 감사와 존경을 해주면 더 이상 바랄 게 없는데 어찌 된 일인지 누가 돈만 벌어오라고 했느냐며 그보다 소중한 것은 가족을 사랑하는 마음이라고 따지고 든다. 그리고 돈을 벌 때 가족도 몰라라 하며 저 혼자 돌아다녔다며 막상 은퇴하고 나니 왕따를 당한다. 나름 죽을힘을 다해 가족을 위해 살아왔는데 아내도 자식도 그런 공은 무시하는 것이다.

베이비부머 세대의 가장들, 참으로 치열하게 살아 어느새 노년에 접어들었다. 비록 100점짜리 인생은 아니라지만 처자식 굶기지 않고 자식들 대학까지 가르쳤다면 그 어느 세대보다 역할에 충실한 것이다. 물론 개인 편차는 있지만 평균치는 한 셈이다. 이제 은퇴해서 들어오는 아버지의 수고를 가족이 다독여 주어야 할 때건만….

남자가 경제력이 있을 때는 가족의 불평불만을 애교로 봐주지만, 막상 자신의 역할이 쓸모없다고 느끼는 순간 남자는 무기력해진다. 그동안 아버지 밥을 먹고 살았으면 이제 가족이 아버지를 쉬게 해주고, 그런 아버지의 마음을 다독인다면 분명 아버지는 다시 힘을 얻어 작은 일이라도 하려고 노력하겠지만…, 그런데 막상 일을 그만두고 집으로 들어서는 가장을 향해 과거에 서운한 것을 들추며 더 벌 수 있다고 채찍을 휘두르면 남자는 점점 더 위축되어 숨고 만다.

남자가 하던 일을 그만두고 불안한 마음에 아내를 조금 귀찮게 했다고 '삼식이'니 '종간나 새끼'니 하면서 웃음거리로 만드는 아내와는 더 이상 살지 말라고 나는 권하고 싶다. 흔히 남자가 변하라지만 대한민국 아내들이 지난 세월 남편이 벌어오는 돈으로 폼 나게 살았다는 것도 인정해야 한다. 남편이 바쁘게 돌아다니면서 벌어준 돈으로 명품 두르고 동창들 만나 비싼 점심 먹고 여행 다니면서 살아왔다. 전 세계 대한민국 아줌마들처럼 돈도 안 벌면서 돈을 잘 쓰는 여자들도 없다고 한다. 그러면서 자식에게는 쓰는 것만 가르치고 돈이 귀한 것을 가르치지도 않았다.

그러니 평생 해온 일을 그만두고 집으로 들어서는 가장을 이해하기보다는 자기들이 누려온 것을 빼앗길까 두려워한다. 이런 상태라면 더 이상 가족이 아니다. 서로가 불안한 상태에서는 서로의 감정을 이해하는 작업을 하라고 하지만 나는 차라리 이혼하고 각자 살아보라고 권한다. 최근 졸혼이 대안이라 하지만 그것은 어느 나라에도 없는 불륜이다.

100세 시대는 인간의 역사이래 겪어보지 못한 장수시대의 새 역사를 쓰는 것이다. 현재 유럽과 같은 선진국에서는 평생에 세 번 정도 배우자를 바꾼다고 한다. 하지만 60살 이후에 만난 배우자와 가장 행복하다고 한다. 그 나이에는 가족 부양에 대한 책임을 벗어나 오로지 둘만을 바라보며 사랑하기 때문이란다.

60살을 전후로 사회에서 은퇴한다지만 100세를 산다면 남은 생이 너무도 길다. 우리나라도 이제 100세 시대를 바라보지만 유독 서로를 원망하며 한 발자국도 나아가지 못하고 있다. 가족이라는 명분으로 서로

꼬리만 묶인 채 각자 다른 곳을 바라본다면 꼬리를 끊고 날아보는 것도 방법이리라. 이혼율이 높은 유럽은 부부로 사는 동안 절대 사랑한다고 한다. 하지만 사랑이 식으면 바로 이혼한다고 한다. 그러나 우리나라는 자식 때문에 혹은 주변 사람을 의식해서 이혼은 하지 않고 서로 미워하고 온갖 불륜을 자행하고 있다.

이제 엉킨 실타래를 순리로 풀지 못할 지경에 왔으니 고르디온 매듭처럼 끊을 때가 온 것은 아닐지? 아내도 자식도 우리 아버지는 절대로 그럴 사람이 못 된다고 하지만 들고 있는 그들도 밥그릇을 빼앗겨 봐야 그들도 비로소 소중한 것을 알게 되지는 않을지?

35
이제 더 이상 믿을 사람이 없어진 한국 남자

전 세계에서 아내에게 생활비를 봉투째 갖다 주고 다시 용돈을 타는 나라는 대한민국 남자밖에 없다고 한다. 독일 남자와 결혼을 한 친구가 있다. 그녀는 신혼 초에 남편에게 월급을 다 가져오라고 했더니 미친 여자처럼 바라보더란다. 사실 그녀는 아버지가 어머니에게 월급을 봉투째로 주는 것을 보고 자란 세대였다. 당연히 결혼하면 남편이 그렇게 월급째로 주는 줄 알고 그런 요구를 한 것이다. 그래서 남편에게 한국은 아내에게 경제권이 있다고 하자 남편은 어이가 없다는 듯이 전 세계에 그런 나라는 한국밖에 없다고 하더란다.

베이비부머 세대는 온 가족이 아버지의 월급날을 기다린 것을 기억한다. 가난했던 그 시절, 그날만큼은 제법 밥상이 풍족해지고 어머니의 얼굴에 함박웃음이 피었다. 특히 아버지는 그날만큼은 위풍당당하게 누런 월급봉투를 내밀고 엄마는 황송하게 두 손을 모아 그 봉투를 받았다. 어린 마음에 같은 여자의 입장에서 꼭 그렇게까지 굴종적으로 받아야 해? 하는 생각조차 들게 할 정도였다.

그러나 환갑을 바라보는 나이가 되고 보니 엄마는 아버지가 그 돈을 벌기 위해 간 쓸개 다 뺐다는 것을 알고 있었다. 때론 위압적으로 때론 비굴하게 굴었다는 것도 안다. 그래서 남편 자체를 신뢰하거나 믿는 아내는 없다고 칼 융은 다음과 같이 설명한다.

"여성들은 대개 뛰어난 직관과 정확한 비판력을 지니고 있어, 남자의 비밀스러운 의향까지 간파하고, 교활하게 꾸미는 음모까지 꿰뚫어 볼 줄 안다. 그래서 남편이 초인이라고 확신하는 아내는 한 명도 없다."

존경할 구석이 한 군데도 없는 불완전한 남편이 가족을 위해 일을 나가니 집에 있는 아내는 같은 줄을 탄 심정으로 동행했을 것이다. 그리고 집에서 살림하는 엄마는 오로지 남편이 거친 세상에서 잘 싸워주기를 기도했을 것이다. 그런 심정으로 남편을 바라보니 어머니는 절대로 생활비를 허투루 쓰지 않았다. 자신을 위한 치레는 전혀 하지 않고 자식에게도 야박했다. 그래서 자식의 입장에서 돈줄을 쥐고 있는 어머니에게 용돈이라도 타 쓰려면 엄청나게 줄다리기를 해야 했다. 엄마의 입에서는 항상 먹고 죽으려도 돈이 없다고 해서 자식들도 나름 아끼고 절약하며 살았는데 노년에 접어든 엄마가 자식들에게 적은 재물이나마 물려주었기에 놀라고는 했다. 많이 배우지도 못한 어머니인데 부자가 되는 왕도는 나가는 돈이 들어온 돈보다 적어야 한다는 영국의 역사학자 파킨슨 법칙을 어떻게 알았는지 이를 실천했다.

그런 어머니를 보고 자란 베이비부머도 아내에게 경제권을 맡겼는데 최근 은퇴를 앞둔 시점에서 보니 남은 재산은 없고 빚만 불렸다고 한탄하는 남편이 늘고 있다. 더구나 자식들도 벌기보다는 쓰는 것에 익숙해서 대학은 물론 유학까지 갔다 왔다지만 부모에게서 독립하지 못하고 있다. 그래서 베이비부머는 노년에 접어들었어도 가장의 짐을 벗어버리지 못하고 있다고 한탄을 한다. 아내가 자신들의 어머니처럼 알뜰하게 살림도 하지 못했고 자식들에게도 쓰는 것만 가르쳤을 뿐 아끼고 절약하는 것을 가르치지 않았다고 분통을 터트리며….

사주 명리학에서 여자를 財(재물)라고 한단다. 예전에는 여자가 돈을 벌지 않는 시절의 논리이니 결국 재물 운은 남편이 벌어온 것을 아끼고 절약해 모으는 여자를 의미한단다. 사실 여자에게 귀한 것을 꼽으라면 첫째 돈, 둘째 돈, 셋째 돈이라고 할 만큼 여자는 돈을 사랑하는데 두 가지 유형으로 나뉜다. 돈 자체를 사랑해서 불리고 싶은 여자와 돈을 쓰고 싶은 여자이다. 남자는 과시욕으로 돈을 벌고 계획 없이 쓰기에 모으기가 어렵다고 한다. 그래서 남자는 재물을 모으는 여자를 만나야 한다고 한다.

결국 많이 벌어서 부자가 되는 것이 아니라 아끼고 절약하고 모은 것만 재물로 쌓인다. 남보다 많이 벌어 소비에 길들면 점점 더 벌어야 하는 수익구조가 되어야 하는데 인생이란 마냥 벌 수만은 없다. 시대를 불문하고 돈이 많거나 돈을 잘 버는 아내를 만나기보다는 잘 모으는 여자를 만나야 한다. 시편에 보면 아내는 열매 맺는 포도나무 같다고 했다.

한국 남자가 아내에게 경제권을 맡기는 전통이 왜 생겼겠는가? 남편보다 아내가 돈을 더 잘 굴려서 재산을 증식했기 때문이다. 아버지가 벌어오는 빠듯한 월급을 쪼개어 살림하고, 자식 공부시키고, 말년에 보니 여기저기 사 놓은 땅도 있어 그저 놀라운 따름이었다. 그래서 안방을 차지하고 곳간 열쇠까지 맡았건만 이제는 모으기보다 쓰는 것에 익숙해진 한국 아내. 결국, 일본 아내처럼 용돈이나 타서 쓰는 노예로 전락할 모양이다.

대부분의 일본 아내들은 일한다고 한다. 그 이유는 남편이 생활비를 안 주기 때문이다. 이 시대의 한국 여자들도 남편에게 돈 타서 쓰는 것이 더럽고 치사하니 스스로 벌어보겠다고 하지만 남의 주머니에 든 돈을 내 주머니로 옮기는 것이 얼마나 어렵고 힘든지 알게 될 것이다. 그동안 남편 한 사람 비위만 맞추면 나오던 돈인데 이제는 온갖 남자들의 비위를 맞추며 돈을 벌어야 한다.

세계에서 대한민국 아내만 가졌다는 경제권을 결국 빼앗기고 말았으니 여자들 스스로 자초한 셈이다. 우리 속담에 남편 돈은 누워서 받고 자식 돈은 서서 받는 말이 왜 있겠는가? 또 있다. 공부를 아무리 열심히 해도 얼굴 예쁜 여자를 못 이긴다고 한다. 그런데 얼굴이 예쁜 여자도 절대 못 이기는 여자가 있다. 바로 팔자 좋은 여자이다. 팔자가 좋은 여자는 바로 남자를 잘 만난 여자를 말한다.

36
남자의 재능을 여자의 기준에서 판단하면 안 된다

요즈음 여자들은 남편이 만능 탤런트가 되기를 바라고 경쟁적으로 그런 남자가 대세라고 한다. 돈도 잘 벌고 요리도 잘하고 아이들도 잘 보고, 이벤트도 잘하는 멀티플레이어가 되라고 요구한다. 여자가 가정일도 하고 사회에서도 일을 잘하는 슈퍼우먼이 되었듯이 남자도 슈퍼맨이 되어야 한다는 논리이다. 그러나 남자 슈퍼맨은 여자 슈퍼우먼처럼 다양하게 잘하는 것이 아니라 한 가지만 집중적으로 잘하는 것을 의미한다. 흔히 영화에 나오는 슈퍼맨도 악을 퇴치하는 것만 잘하는 정의의 사도다.

최근 남녀가 생활공간에서 살림하는 것을 실험한 적이 있다. 음식을 하고 빨래를 하고 청소를 하는 일을 시키면 여자는 동시에 그 일을 해낸다. 세탁기를 돌리며 한 손으로는 음식을 하고 남은 손으로 청소기를 돌린다. 반면에 남자는 세탁기 돌리고 나서 음식을 하고 이어서 청소를 한다. 차례대로 한 가지씩 하느라 여자보다 3배나 느리게 일을 완수한다. 흔히 여자들은 가르치고 적응하면 달라질 거라고 하지만 남자에게는 적용이 안 된다. 뇌 구조가 여자는 멀티플레이어고 남자는 한 가지만 집중적으로 하게 되어 있다. 바로 남녀의 뇌량의 차이 때문이다.

앞서 설명했듯이 뇌량은 좌뇌와 우뇌를 연결하는 접선인데, 흔히 차선으로 비유하면 여자의 뇌량은 6차선인데 비해 남자는 2차선이다. 다시 말하면 여자에 비해 남자가 선천적으로 차선이 적어 멀티플레이어가 못 되는 것이다. 그래서 자폐는 남아가 대부분이다. 자폐는 다양하게 발달해 나가지 못하고 한쪽으로 치우쳐 발달한 것이다. 그러나 대부분의 남자는 정도의 차이는 있지만, 여자 쪽에서 보면 자폐 수준이다. 여자의 입장에서 보면 어떤 것도 노력만 기울이면 해 나갈 수 있음에도 남자는 못한다며 비난을 퍼붓는다. 그리고 공연히 꾀를 부린다거나 혹은 게을러서 그렇다고 단정을 짓는다. 더하여 요즈음처럼 방송에 나와 갖가지 재능을 부리며 여심을 사로잡는 남자들과 비교하여 자기 남편을 무능하다고 매도한다.

물론 여성 내에 남성성이 있고 남성 내에 여성성이 있다. 그러다 보니 현대 여성은 자신이 가진 남성성을 발달시켜 보겠다고 한다. 또한, 남자도 여자처럼 요리하고 살림하는 여성적인 잠재성이 있으니 해보라고 한다. 하지만 그것은 남녀의 본질과 어긋난다고 칼 융은 말한다. 융은 남성 내에 여성성이 있고 여성 내에 남성성이 있다는 학설을 주장한 학자다. 그러나 그는 먼저 남자는 남자처럼 살아야 하고 여자는 여자처럼 살아야 한다고 한다. 그래야 중년 이후에 남성 내에 여성성과 여성 내에 남성성을 성숙하게 발휘할 수 있다고 주장했다.

융은 약함과 모자람은 전체 중 일부이며, 약함을 꾸미거나 극복했다고 착각하는 것은 성숙의 지표가 아니라고 한다. 융은 상대의 결점과 열등함을 나무라지 말라고 한다. 오히려 본래의 성을 부정하는 방향으로 나아갈 때 문제가 된다고 주장한다. 현대 사회에서 남성의 나태함과 여성의 남성화가 빚어내는 정신적인 갈등이 심각하다.

현대인은 이런 역할 바꾸기로 인해 대부분 신경증을 앓고 있다. 멀티 플레이어의 기능을 가진 여자들은 설사 자신에게 적합하지 않아도 어느 정도 적응해 나가지만 남자는 쉽게 적응하지 못하면서 점차 무기력해지고 좌절하게 만드는 요인이 되고 있다. 다시 말하면 이런 역할 바꾸기로 남자는 오히려 더 무기력해지고 여자는 그만큼 힘들어지는 상황으로 몰고 가는 것이다.

하면 된다는 자기 환상에 빠져 나는 물론 너도 그렇게 해야 한다고 채찍을 휘두르는 세상이 되었지만, 하나님은 서로 다른 역할로 어우러지는 조화를 강조하시며 남자와 여자를 달리 만드셨다. 남자는 집중력으로 문명을 발달시키라고 하셨고, 여자는 이렇게 쏠려 있는 남자의 모난 것들을 특성대로 살려 전체를 조화롭게 만드는 멀티플레이어의 재능을 주신 것이다. 그래서 여자의 재능은 바로 남자의 장점은 더 발달시키고 약점을 보완해 주는 것이 능력이라고 칼 융은 말한다.

그래서 대부분의 위대한 업적을 남긴 남자 뒤에는 위대한 어머니나 아내가 있는 이유다. 여자들은 남자를 자기의 취향으로 바꾸려 하지 말고 남자가 가진 장점을 더 발전시키면 세상은 훨씬 좋은 방향으로 나간다는 사실을 알아야 한다. 또한, 남자는 쉽게 절망하지만, 여자는 희망을 가지고 위로하는 능력이 있다고 융은 말한다. 또한, 융은 여자는 내가 발전하는 것보다 상대를 발전시키는 인간에 대한 사랑으로 모든 것을 할 수 있다고 한다. 그래서 여성 심리학자 엠마 융은 여자의 진정한 창조적인 용기는 바로 남성이 정의롭고 새로운 일을 하도록 자극하는 것이라고 한다. 이것이 바로 하나님이 여자에게 주신 지혜라고 한다.

현대 여성은 남자처럼 돈과 권력을 휘두르며 세상에 영향력을 미치겠다고 하지만 그것은 하나님이 주신 본성이 아님을 알고 있어야 한다. 물론 선택이 자유로운 개방 시대를 오늘날에는 각자 판단할 일이지만 심판자이신 하나님의 심판 기준은 처음과 끝이 같다.

5부

미녀와 야수

여성의 특징은 인간에 대한 사랑으로 이는 모든 것을 할 수 있게 한다.

사물에 대한 사랑은 남자의 특권이다. 남자처럼 사물에 대한 사랑으로 대단한 일을 해내는 여자도 있지만, 예외일 뿐이다.

하지만 인간은 남성적인 것과 여성적인 것을 내면에 포함하고 있기 때문에 남성이 여성적인 것을 여성이 남성적인 것을 체험할 수 있다.

그러나 남성에게 여성적인 것, 여성에게 남성적인 것은 본래 뒷면에 있는 것이라서 자기의 본성과 다른 성을 앞면에 내세워 살게 되면 자기 고유의 성이 발달하지 못한다.

그래서 남자는 남자답게 여자는 여자답게 살아야 한다.

- 칼 구스타프 융의 『유럽 여성』에서

37

신데렐라 아줌마

막장이 난무한 요즘 시대를 빗대어 쓴 칼럼이 생각나서 옮겨 적는다.

잘나가는 드라마엔 흥행 공식이 있다. 바로 '신데렐라 아줌마' 만들기 공식이다. 현실에서는 이루어지기 힘든 아줌마들의 욕망을 성취시켜 주는 것이다. 이런 드라마는 남편 내조하고 자식 키우며 살림만 하던 가정주부가 남편의 외도에 분노하며 '제2의 삶'이 시작된다는 것으로 시작한다.

남편의 무관심과 외도 등으로 상처를 입고 집을 뛰쳐나온 아줌마는 배신감에 슬픔을 느낄 겨를도 없이 바로 생활 전선에 뛰어든다. 하지만 생활 전선에 뛰어든 현실은 녹녹하지 않고 고난의 시작이다. 일이 서툴다 보니 무시당하며 위태롭게 삶을 이어가던 중에 어느 날 갑자기 잘생기고 능력 있는 재벌 2세가 나타나 그녀들을 도와준다. 심지어 연하남이기까지 한 재벌남은 처음에는 아줌마들의 억척스러움과 뻔뻔스러움에 당황하며 좌충우돌하지만, 어느 순간부터 보호자가 되어준다. 바로 백마 탄 왕자님이다.

거기다가 재벌 왕자 곁에는 어김없이 젊고 세련되고 지적이기까지 한 여자 친구가 있어서 애 딸린 아줌마와 삼각관계를 이루는 게 빠지지 않는 설정이다. 이처럼 왕자를 두고 갈등하면서 벌어지는 드라마가 시청하는 아줌마들의 흥미를 유발한다. 당연히 재벌 집에서는 철없는 아들과 애 딸린 아줌마에 대한 반대가 극렬하다. 그러나 시청하는 대다수 아줌마는 그 둘이 역경을 딛고 결혼하기를 응원하는 마음이다. 당연히 그런 시청자의 욕구를 충족하기 위해 억척녀와 순진한 재벌 2세와 결혼에 성 공한다는 결말이 대부분이다.

과거의 신데렐라 구도는 청순가련형의 어린 소녀 같은 여자가 등장했 다. 그런 여자들은 자신의 문제조차 스스로 해결 못 하는 절대 의존형의 여자를 백마 탄 왕자가 구해내어 결혼한다지만 요즈음은 세상 물정 모 르는 순진남을 산전수전 공중전까지 치른 아줌마가 연하남 왕자를 획득 한다. 이런 설정도 현대는 누군가를 구해주는 왕자가 사라져버린 현실 인식이 바탕이 되지 않았을까?

남자 심리를 전혀 모르는 여자 작가가 자신의 꿈으로 만들어 낸 막장 이 난무하면서 현실에서 벌어지는 아들 가진 엄마의 고통도 그만큼 크 다. 30여 년 넘게 다닌 동네 단골 미용실을 가면 자주 만나는 이웃이 있 다. 대부분 머리를 하는 동안 소소히 자기 일상을 털어놓다 보면 대부분 의 가정사를 알게 된다. 여자들은 파마머리를 말고 있는 동안 수다에 지 치면 한쪽 벽에 걸려 있는 텔레비전으로 눈이 가고, 텔레비전은 아줌마 들이 즐겨 보는 드라마가 여지없이 틀어져 있다.

드라마는 어린 아들을 둔 이혼녀가 나름 잘나가는 연하남 총각과 결 혼을 하는 스토리인데 드디어 남자가 가족들에게 결혼을 선언하자 결국 남자의 어머니가 입에 거품을 물고 쓰러진다. 그 장면을 나와 함께 보던 여인이 한숨을 쉬며 말했다.

"저게 무슨 사랑인고? 요즈음 세상에 절반이 남자고 절반이 여자인데 부 모 마음은 눈곱만큼은 헤아리지 않으면서. 뭐라고? 처음 본 남의 새끼를 내 새끼처럼 키우고 사랑하겠다고? 살아봐라. 사내라는 족속은 애당초 남의 마음을 헤아리는 마음이 애당초 없는데…, 여자가 남의 자식은 키워도 남자가 남의 새끼를 못 키우지. 아내가 남편이 데려온 자식을 키우는 것은 여자가 잘나서가 아니라 그런 속성을 타고났기 때문이야. 그가 누구든 오직 인간에 대한 사랑으로…. 저런 드라마 쓰는 작가들, 그저 제가 하고 싶은 것을 쓴다지만 나이 들어 아들 낳고 살다가 저런 꼴 당해 봐야지. 그래 당하고 말거다, 당해야지. 그래야 세상 공평하고 세상 무서운 줄 알지."

사실 그렇게 독한 말을 하는 그녀는 수년 전에 정말 그런 상황에 직면했었다. 아들이 명문 대학을 나와 대기업에 취업하여 아주 잘나가고 있을 때 그녀는 세상을 얻은 것처럼 기뻐하고 자랑을 했는데 어느 날 아들이 애 딸린 이혼녀와 결혼하겠다고 한 것이다. 그녀는 그때 곁에서 보기에 금방 죽을 것처럼 분노하고 고통스러워했다. 평생 살림만 하면서 금지옥엽으로 키운 아들의 배신으로 그녀의 눈에는 눈물이 마를 날이 없었다. 하지만 자식 이기는 부모가 없다더니 결국 결혼을 허락하고 말았다.

텔레비전 드라마에서는 이혼녀가 결혼을 반대하는 연하남의 부모에게 당당하고 야무진 눈빛으로 말을 하고 있었다.

"이러시는 부모님 마음을 충분히 이해합니다. 하지만 믿고 허락해 주시면 절대로 실망시켜 드리지 않겠습니다."

그런 상황을 겪었는지 그 여인은 또 한숨을 쉬며 말했다.

"나는 저것도 싫어. 이혼하고 나니 체면도 염치도 없어. 초혼이면 그래도 시댁 어른이 어려울 텐데 이건 산전수전 공중전 다 겪었다며 60살 먹은 늙은이를 가르치려 드니…."

어쨌든 온 동네가 떠들썩했던 결혼을 치르고 5년이 지났는데 아직도 맺힌 게 많았던 모양이다. 그런데 그녀는 다시 한숨을 쉬며 말했다.

"그렇게 죽고 못 산다 하더니 이제는 못 살겠다고 이혼을 한다니…. 그리고 우리 아들, 나한테 한다는 소리가 왜 그때 더 강하게 반대를 안 했냐며 날 원망해요. 아이고, 내 팔자야."

소위 막장 드라마를 보면 모두들 제각각 자기의 생각대로 살아간다. 그러다 보니 인간의 관계를 파괴하는 것을 신선하다고 느끼게 한다. 물론 처음에는 말이 안 된다고 생각하지만, 반복적으로 보다 보면 결국 사람의 생각을 바꾸게 한다.

38
미녀와 야수

요즈음 한국 드라마의 주류는 온통 여자들의 이탈이다. 무능하거나 나쁜 남자를 만나 고생하다가 이혼을 하고 남자처럼 일하면서 자기 성취감에 도취하다가 멋진 남자를 만나 행복해진다는 소재가 대부분이다. 예전에는 나쁘거나 무능한 남자를 만났지만, 아내는 고생 끝에 가정을 지키고 결국 남자도 변하게 만드는 스토리 전개가 대세였다. 어쨌든 여자에게 남편이라는 존재는 예나 지금이나 너무도 무능해서 여자를 힘들게 하거나 아니면 능력이 있지만 바람을 피워 여자를 아프게 하는 남자, 둘 중 하나인 모양이다. 결국, 그런 남자에게 대처하는 여자의 자세만 바뀌었을 뿐이다.

현대 여성은 가정에 매이지 않고 남자처럼 사회적인 성공을 거두며 자기 성취를 이루려 한다. 그런데도 드라마는 오로지 일로 성공하는 것보다는 반드시 멋진 남자를 만나는 엔딩을 선호한다. 그래서 드라마 결말은 남편과 이혼을 하고 홀로서기에 성공하지만 이혼녀라는 편견으로 온갖 고생을 하고 성공을 하는 과정에도 멋진 남자의 도움을 받고 결국에는 그 남자와 결혼까지 하는 해피엔딩(?)이다. 말은 자기 성취 운운하지만 대부분의 여자들은 늙으나 젊으나 신데렐라나 백설공주와 같은 환상에 젖어 사는 것이다. 그러나 어쩌다 신발 한 짝으로 인생이 바뀐 신데렐라와 잠만 자다 깨어난 백설공주 커플이 끝까지 행복하게 살았을까? 그건 여자의 환상일 뿐이다. 모든 여자가 탐을 내는 멋진 남자는 얼마

지나지 않아 다른 공주를 찾아 떠났을 것이 분명하기 때문이다.

칼 융은 여성에 대한 남성의 주된 관심은 여성을 정복하는 것뿐이라고 한다. 다시 말해서 여자를 한 인격체로 사랑하는 마음이 아니라 정복해야 할 사물로 대한다는 것이다. 여자를 향한 태도도 일종의 자기 능력 과시인 셈이다. 거기다가 남성은 하나의 정복에 머물지 않는다고 한다. 심지어 아내도 많은 여자 중에 하나로 본다고 한다. 다시 말하면 한 여자에 만족하지 못하고 확장하는 성향이 있다.

반대의 스토리가 있다. 미녀와 야수다. 일단 모든 여자가 기피하는 못난 남자지만 사랑으로 돌보는 여자가 있다. 융은 그런 여자의 심리를 이렇게 설명한다.

"미래도 확실하지 않지만 함께하기로 결심하는 것은 여성의 심리다. 그것은 오랜 진리가 아니었던가? 여성이 강한 자의 약점을 그 강함보다 더 사랑하고 영리한 자의 어리석음을 그의 영리함보다 더 사랑한다는 것은. 그것이 바로 여성의 사랑이다. 이런 사랑의 여성은 단지 남성적인 남성이 아니라 그의 암시적인 감정까지를 포함하는 전체적인 남성을 원한다. 물론 여성만이 남성의 약함을 사랑하는 것은 아닐 것이다. 남성 또한 강한 여성성보다는 그녀의 약한 측면을 도우면서 남성의 긍지를 느낀다. 남녀의 성을 떠나서 약한 것을 돕는 보람을 느끼는 것은 인간 본연의 사랑임은 틀림없다."

여성이 부족한 남자 자체를 받아들이는 것은 긍휼한 마음에서 오는 사랑의 근본이고, 남자가 약한 여자를 돌보려는 것은 자기 과시에서 오는 것이다. 융은 이런 여자의 자기희생적 사랑은 여자의 본성에서 온다고 한다. 그러나 과시형인 남자의 사랑이 자기희생적인 사랑으로 변하는 것은 여자의 헌신적인 사랑으로 인한 것이다. 여자는 무조건적인 사랑의 감정이 있지만 남자는 목표가 정해져야 재능이 발현된다고 한다. 그래서 남자는 여자의 무조건적인 사랑이 선행되어야 비로소 사랑을 알게 되고 그 사랑을 실천하려 한다는 것이다. 그래서 남자는 헌신적인 어머니나 지혜로운 아내를 만나야 가진 재능을 극대화하여 아버지 같은 마음으로 정의로운 사회적 역할에 기여하게 된단다.

융은 남녀는 결혼을 통해 고도의 심리전으로 서로를 완성해 나가야 한다고 한다. 여성은 인간에 대한 사랑으로 모든 것을 할 수 있고 남자는 사물에 대한 사랑으로 모든 것을 할 수 있다고 한다. 다른 말로 여자는 가족을 온존한 사랑으로 돌보고 남자는 정신적 가치로 사회적인 역할을 수행하여 사회 발전을 이루라는 것이다. 인류의 삶은 가정과 사회가 공존하면서 서로 조화롭게 발달해 나갈 때 진정한 인류 문명을 이루어 나갈 수 있다. 그래서 하나님께서 남자는 사회에 나가 땀 흘려 일하고 여자는 자식을 낳아 가정을 이루라고 하신 것이다. 그러면서 순서상 여자가 먼저 가정 내에서 자기희생적인 사랑을 완성하고, 그 힘으로 남편이 정의 실현을 완성하면 하나님께서 번성의 복을 주신다고 하였다.

잘나갈 때 요란한 결혼을 한 커플이 얼마 지나지 않아 이혼하지만 어려울 때 만난 커플이 실한 열매를 맺으면 감동을 받는다. 이런데도 여자들의 심리를 교묘하게 뒤섞어 제멋대로 지어낸 막장 드라마가 정도를 넘고 있다.

나라마다 남녀의 관계에 대한 설화가 다른데 한국의 전통적인 남녀 사랑 모델은 우렁각시, 평강공주, 신사임당 등이다. 이처럼 한국의 여자는 유약한 남자를 보필하며 가정의 주도권을 쥐고 나가는 것이 정설이다.

39
강주은 남편 최민수

1994년 최민수가 결혼을 발표할 당시 그의 인기가 상한가를 칠 때다. 그가 9살이 어린 강주은과 결혼을 발표할 당시, 비록 그녀가 미인대회 출신이며, 치과의사 지망생이라 하더라도 그녀가 백마 탄 남자를 만난 신데렐라라는 생각을 했다. 하지만 이후로 최민수 씨의 기행은 가장의 모습이라고 보기가 어려웠고 때론 사회적인 물의를 일으키기도 했다. 그러면서 둘의 결혼 위기설도 심심치 않게 흘러나오고 때론 구타설, 때론 별거설도 흘러나오면서 강주은이 남편 최민수와 끝까지 가지 못할 거라는 예측이 우세했다. 그리고 대부분은 강주은을 불쌍하게 생각했다. 어쩌자고 저런 남자와 사는지….

그러나 30여 년이 지난 그들의 결혼 전선에는 이상이 없다. 이제는 강주은의 아내 최민수로 더 유명하다. 물론 최민수는 예전만 한 인기도 없고 기행은 계속되지만, 그들은 두 아들을 키우며 나름 행복한 가정을 이루고 살고 있다.

그녀는 남편에 대해 이렇게 설명했다.

"제 남편은 200년 전에 태어났어야 하는 사람이에요. 왜냐하면, 타고난 전사인 셈이죠. 다시 말하면 강한 남성성으로 의리에 젖어 행동하는 글래디에이터입니다. 하지만 나는 지극히 이 시대의 여자입니다. 하지만 남편은 나도 모르는 나를 일깨워주면서 감싸 주는 진정한 남자이고, 나는 그런 남자를 붙잡을 수 있는 힘이 있는 여자라는 생각을 합니다. 우리는 이처럼 다른 세계에 사는 사람인데도 뭔가 코드가 확실히 맞아요."

그리고 그녀는 결혼에 관해 설명했다.

"결혼 후 1년간은 엄청 싸웠어요. 40년간 싸울 양을 그때 다 해치운 것 같아요. 그때는 매일 헤어질 생각을 했어요. 물론 부모님의 염려도 컸지만, 대중의 관심도 두려웠어요. 헤어지면 그럴 줄 알았어 하는 소리는 제 자존심으로 받아들일 수 없었죠. 내가 선택한 인생인데 남들의 입방아에 오르내리는 것을 참을 수가 없었지만, 결정적인 것은 남편은 순수한 마음을 가지고 있고 나를 사랑한다는 겁니다."

그러면서 끊임없이 구설수에 오르내리는 남편에 관해 설명했다.

"미녀와 야수가 우리를 잘 표현하는 것 같아요. 이런 장면을 본 적이 있어요. 미녀가 숟가락을 들고 우아하게 수프를 떠먹으려는데 앞에 앉은 야수가 그릇째로 들이켜는 거예요. 그러자 미녀는 들고 있던 숟가락을 내팽개치고 야수처럼 그릇째로 마십니다. 그 장면이 정말 완벽하게 우리를 보여주는 거예요. 저는 남편의 눈높이를 맞춘 거예요. 내 과거를 모두 버리고 남편의 입장이 돼서 그 상황에 들어가면 정신적으로 그 사람이 돼요. 그러면 누가 누구를 가르치는 것이 아니라 같은 입장이 되는 거예요."

사실 그녀가 한 잡지사와 이런 인터뷰를 할 때 최민수가 노인 폭행 사건으로 심하게 사회적 비난을 받는 상황이었다. 그런데도 그녀는 담담하게 남편과 자신, 그리고 결혼관을 설명했다. 그러자 기자가 물었다. 전공도 포기하고 어린 나이에 결혼한 것을 후회하지 않느냐고. 그러자 그녀는 설명했다.

"한편으로는 후회되죠. 어려서부터 품었던 꿈이었으니까요. 하지만 남편은 말해요. 치과 의사가 되어 매일 남의 입만 들여다보면 얼마나 지겹겠냐고. 그러니 자기 때문에 얼마나 즐거운 인생을 사느냐며 오히려 자신에 감사해야 한다나요? 전혀 틀린 말이 아니에요. 아마도 남편을 안 만났으면 캐나다에서 평범하게 살았을 거예요. 남편이 있어 좋은 기회도 내게 올 수 있었고, 그러면서 저 자신을 발전시킬 수 있었어요. 사실 결혼도 한순간에 좋은 감정으로 멋모르고 했어요. 지금 생각하니 차라리 앞에 무언가 있을지 기대할 줄 몰랐기에 버텼던 것 같아요. 비어 있으면 무언지도 모르게 돌아가더군요."

최민수 그가 분명 연기에 천재성을 가진 것은 분명했다. 사실 최민수 엄마 강효실은 홀로 아들을 키우면서 아들의 기이함을 일찍이 알았다고 한다. 그래서 오로지 좋은 배우자를 만나기를 기도했다고 한다. 결국, 남자는 어머니에서 아내의 삶으로 이어지는 그 과정에서 완전해져 가는 것 같다.

여성 심리학자 폰 프란츠는 여성은 남성과 같은 권력 지향적인 삶을 추구하는 것이 아니라 정신적으로 흔들림이 없는 존재가 되어야 한다고 한다. 그래서 남성이 올바르고 새로운 일을 하고 진실을 향한 발언을 용기 있게 하는 것이라고 한다. 다시 말하면 여자가 공적인 일에 직접 나서는 것이 아니라 남자가 공의와 정의로 사회를 발전시켜 나가도록 숨은 공주의 역할을 해야 한다고 한다.

특히 여자는 남자처럼 겉으로 드러내기보다는 개별적인 내적 성찰을 통해서 진정한 자기 가치를 실현하는 것이 사회적으로 어떤 일을 하느냐보다 중요하다고 한다. 그런 자기 성찰에서 남자를 바르게 이끌어 행동하게 하는 것이 바로 하나님이 여자에게 준 자에게 예감 능력이라고 한다. 다시 말하면 세상에는 여자들이 꿈꾸는 백마 탄 왕자는 없다는 말이다. 오매불망 백마 탄 남자를 갈망하는 것은 여자들이 멋대로 만들어낸 자기 소망일 뿐이다.

인생이란 무대에서 가장 멋진 작품은 9회 말 투아웃 상황에서 이루는 역전 인생이 아닌가? 분명 내가 선택했을 때는 백마 탄 왕자라고 생각했지만 올라탄 후에 보니 비스트였다. 그러나 어쩌겠는가? 현실 세계에서 백마 탄 왕자는 끝까지 내 것이 되지 않는다고 칼 융이 말하지 않던가?

하나님의 창조 질서에는 여자에게 못난 아담을 도와 생명으로 이끌라는 가르침이 담겼다. 창조 당시는 아담이 손색없이 훌륭했지만, 하나님이 금하는 사과를 따 먹고 하나님과 소통하는 능력이 사라졌다. 하지만 여자에게는 하나님과 소통하는 능력을 주시면서 일단 비스트를 왕자로 만들라 하시지 않는가? 여자 너 때문에 비스트가 되었으니…

40

3대를 살린 며느리

미국에 오래전에 이민을 가서 사업에 큰 성공을 거둔 지인이 있다. 어느새 환갑을 바라보며 나름 남들이 부러워하는 재산까지 모으고 사회적으로도 존경을 받지만, 그는 살맛이 없다고 했다. 아들 선호사상이 강한 분으로 딸만 내리 낳다가 결국 아들을 낳았는데 그만 그 아들이 지적 장애라란다. 지적 지능이 80 정도로 사회생활이 어려운 수준이란다. 그래도 그 아들의 교육을 위해 온 정성을 들였지만, 진척은 없고 어느새 아들이 20살이 되었는데 몸만 어른일 뿐 정신력은 10살에 머물러 있다고 했다. 그런 상속자인 아들을 바라보는 지인은 남의 나라에서 죽도록 고생해서 모은 재산이 무슨 소용이냐며 한숨을 짓고는 했다.

그는 장로라는 직함까지 가진 기독교인이다. 노년에 접어든 그가 할 수 있는 것이라고는 오로지 기도뿐이라지만 답이 있을 리 없다. 아브라함처럼 늦둥이 자식을 달라고 할 수도 없으니 그의 우울감은 나날이 깊어졌다. 그러던 어느 날 교회 목사님에게 미국에서 신학을 공부하던 여학생이 2학기를 남기고 가정 형편상 돌아가야 할 지경에 이르렀다는 말을 듣고 자신의 집에 유숙하며 남은 학기를 마치라고 흔쾌히 허락했단다. 그런데 그 여학생이 학기를 마칠 즈음 장로님에게 와서 아들과 결혼을 하게 해달라고 하더란다.

당시 아들은 21살이고 여학생은 25살이었다. 장로 부부는 일 년 가까이 딸처럼 돌봐준 여학생의 청천벽력과 같은 요구에 말이 나오지를 않앗다고 했다. 그러면서 모자란 아들과 결혼을 한다는 것은 분명 장로님의 재산을 염두에 둔 행보가 아닐까 의심을 하지 않을 수 없었다. 그러나 임신까지 했다니 어쩔 수 없이 결혼을 허락하고 말았다. 그리고 1년 후에 떡두꺼비 같은 손주가 태어났다고 했다. 혹여 아버지의 지적 장애를 유전적으로 물려받을까 걱정을 했지만 누가 봐도 똑똑하다면서 할아버지가 된 장로의 자랑이 태평양을 넘나들었다. 지적장애인 아들이 태어난 이후 우울하기만 했던 집안에 20여 년 만에 웃음꽃이 활짝 피어나게 되었다.

하지만 그런 기쁨 속에서도 며느리에 대한 의심을 거두지 못하였다. 저러다가 선녀와 나무꾼처럼 어느 날 날개옷을 찾아 입고 자식을 데리고 도망을 치는 것이 아닐까? 혹은 지능이 낮은 아들을 보이지 않는 곳에서 구박하는 것은 아닐지 하는 고민을 떨쳐 버리지를 못했다.

그리고 3년이라는 세월이 흘렀다. 그런데 어느 날 새벽에 장로님이 울먹이며 전화를 걸어 왔다. 아들이 운전면허를 땄다며. 한국이 새벽 시간인 줄 알지만, 누구에게라도 자랑하고 싶었다고. 20년을 키운 부모도 아들이 그런 것을 할 수 없을 것이라 생각했는데 며느리가 수족처럼 붙어서 2년 동안 반복 학습을 시킨 결과라고 했다. 이제 아들이 제법 가장처럼 가족을 태우고 장도 보고 여행도 간다고 했다. 아들 부부는 더 이상 부모 신세를 지지 않겠다며 편의점을 열었다고 했다. 그런데 며느리는 과감하게 남편에게 계산대를 맡겼단다. 그녀는 남편이 누구보다 성실하게 자리를 지키고 비록 단순 계산이지만 큰 실수 없이 잘해낼 거라는 것을 알고 있었다. 그리고 5년이 지나 2번째 손주도 보았는데 큰 손주보다 더 똑똑하다고 장로님은 자랑했다.

미녀와 야수

물론 더 이상 며느리를 의심하지도 않고 누구에게든 하나님이 보내준 천사라고 자랑한다. 그러면서 장로님은 예쁜 여자를 아내로 맞이하면 3년이 행복하고, 착한 여자를 아내로 맞이하면 30년이 행복하고, 지혜로운 여자를 아내로 맞이하면 3대가 행복하다는 말을 몸소 겪었으니 더 바랄 게 없다 한다. 잠언서에 의하면 집과 재물은 아버지에게 상속받지만 현명한 아내는 하나님께 받는다는 말이 있다. 남자에게 아내는 그만큼 절대적이다.

요즈음은 결혼도 하기 전에 가문이나 스펙을 따지지만 사실 결혼은 시작과 관계없이 결과가 모든 것을 보여준다. 첫눈에 반해 사랑에 빠진다는 것도 진정한 의미에서 사랑이 아니라고 한다. 남녀가 처음 사랑에서 빠져나올 때 비로소 참사랑이 시작된다고 한다. 결국 결혼은 조건에 맞는 완성된 상태가 결혼생활을 이끌어가는 것이 아니라 함께하며 성숙으로 가는 과정, 즉 세월을 함께하며 서로를 향한 몸과 마음이 골고루 자라나는 과정이다.

아마도 장로님의 며느리도 당시 모두가 의심의 눈초리로 바라보는 지적장애인과 결혼을 할 만큼 그녀의 상황이 절박했을 것이다. 어쩌면 죽음도 생각할 만큼 최악의 상황에 직면하고 던진 돌직구인지도 모른다. 그래서 결혼은 엄밀한 의미에서 절대 사랑해서 하기보다는 필요에 의해 하는 것이다. 그러나 그녀는 참으로 무거운 짐을 지고 모두를 생명으로 이끄는 아름다운 결과를 냈다지만 누구보다도 자신에 대한 자긍심이 가장 크지 않았을까?

이처럼 대부분 결혼의 시작은 그렇게 상황 주도적으로 끌려가는 것이다. 물론 그것을 운명이라는 표현을 쓴다. 비록 그런 무모한 시작이지만 이후로 벌어진 상황에 잘 대처하면서 주도권을 가질 수 있다. 다시 말하면 시작은 우연이지만 온전히 나의 노력으로 열매를 맺을 수 있다.

아마도 장로님 며느리는 자기 선택에 책임을 지기 위해 결과를 기대하지 않고 최선을 다했을 것이다. 하지만 결국 맺힌 열매를 보고 그동안 의심했던 사람들에게 기적을 선사하였다. 3대 만에 죽은 고목에 꽃을 피워준 며느리. 누가 들어도 웃음 짓게 하는 멋진 며느리를 둔 장로님, 복 받으셨다.

41
맞으면서도 아버지를 지키는 이상한 엄마

신학대학을 나와 전도사로 있는 친구가 있다. 그녀는 어린 시절 부모님이 싸우는 것을 지긋지긋하게 봤다며 절대로 결혼 같은 것은 안 하겠다며 독신주의자가 되었다. 친구 아버지는 평소에는 자상하다가 술만 먹으면 전혀 다른 사람이 되어 때론 어머니를 때리기까지 했단다. 그때마다 엄마는 속수무책으로 맞고, 시퍼렇게 멍든 눈으로 자식들을 바라보며 너희들 때문에 참고 산다고 했단다. 친구는 그럴 때마다 아버지가 너무 미워서 견딜 수가 없었다.

그녀가 고등학교를 졸업할 때까지 아버지의 술주정은 크게 개선되지 않았지만, 머리 커가는 자식들 눈치를 보는 것 같았다고 했다. 그러던 어느 날 입시를 앞두고 공부에 열중하는데 안방에서 아버지 술주정 소리가 들려왔단다. 친구는 평소에는 그저 아버지가 잠들기만을 숨죽이고 기다렸는데 그날은 도저히 참을 수가 없었단다. 그리고 장수처럼 달려가 안방 문을 벌컥 열고 아버지를 향해 그만하라고 소리를 쳤단다. 그런데 그때 구석에 쪼그리고 앉아 있던 엄마가 그녀를 향해 맹수처럼 달려오더란다. 그리고는 그녀를 오히려 때리며 소리치더란다. "이년이 미쳤나! 어디서 애비에게 큰소리를 치며 참견이야!"

그때 친구는 엄마에게 배신감을 느낀 것은 물론 세상에 대한 배신감도 느꼈다고 했다. 술 취한 남편에게 맞고 사는 엄마 편을 들었다고 오히려 엄마가 자신을 때리는 상황을 이해할 수 없었다. 그래서 신학대학에 들어갔다. 부모님의 결혼 생활에 신물이 난다면 절대 결혼 같은 것은 하지 않겠다며.

그렇게 세월이 흘러 어느날 중년에 접어든 친구로부터 연락을 받았다. 아버지가 돌아가셨다고 했다. 그래서 친구들과 모여 문상을 갔다. 친구는 독신으로 살면서 장남처럼 집안일을 돌보면서 살았다. 빈소에는 80세의 노모가 슬픈 표정을 지으면 앉아 계셨다. 친구는 문상을 마친 우리를 따라 나오며 입을 삐죽인다.

"우리 엄마 좀 봐라. 웬수, 웬수, 평생 웬수라더니 막상 돌아가시니까 나 혼자 어떻게 사느냐며 울고 계셔. 참나, 60살이 되도록 시집도 못 가고 혼자 사는 딸 앞에서 그게 할 소리야? 좌우간 배신 여러 번 때린다니까."

물론 그녀의 사정을 잘 아는 동창 모두는 웃고 말았지만, 친구 어머님을 보며 많은 생각을 했다. 결국, 남편의 권위란 그렇게 아내로부터 지켜지는 것 같았다. 사실 베이비부머의 어머니들은 남편에게 제대로 대접을 받지 못했지만, 남편의 권위를 지켜준 마지막 세대가 아니었나 하는 생각을 한다. 물론 당시 여자들이 배움이 짧아서 그렇기도 하지만 그것이 자식을 지키는 유일한 방법이었다는 생각을 한 것 같았다. 아내가 보기에도 아버지답지 못한 한심한 남편이지만 무조건 감싸고 숨기는 것이 자식을 위한 유일한 방법이었을 수 있다. 그래서 자식들이 속을 썩이면 아버지가 알면 큰일 난다고 호들갑을 떨며 쉬쉬했었다. 자식들이 머리가 점점 커지면서 아버지의 허당기에 반발하면 어머니는 또 나선다. 너희가 아버지를 몰라서 그런다고. 그래서 딸들은 그런 어머니의 태도에 실망하고 절대로 엄마처럼 살지 않겠다고 했었다.

그러나 어머니 나이가 되고 보니 그런 어머니를 이해할 것 같았다. 어머니는 아버지의 드러나는 모습보다 상징적인 존재로 부각시킨 것 같았다. 그러다가 자식들이 방황하거나 잘못하면 어머니가 만든 아버지의 권위라는 무기를 들이대며 그때를 넘기게 했다. 자식들도 그런 어머니를 실망시키지 않으려 못 이기는 체 받아들였다. 결국 가정 내에서 아버지라는 존재는 어머니에 의해 만들어진 허구일 뿐이다. 가정 내에서 어머니가 만들어주지 않는 아버지의 권위는 절대 존재하지 않는다.

결국, 아내란 부실한 남편의 권위를 세워주기 위해 존재하는 것이다. 아무리 완벽한 아담이었다 한들 알아주는 사람이 없다면 소용없다. 그래서 혼자 있는 아담에게 만들어준 여자이건만. 이렇게 탄생한 여자들이 거창하게 자기 이름 내세워 살아보겠다지만 이름 없이 내 식구들의 관계를 존중과 사랑으로 조화롭게 만드는 것이 진정 가정에서 엄마의 역할이다. 나 하나 잘되는 것보다 내 가족이 행복한 것이 어머니로 사는 여자에게 가장 큰 행복인 것이다. 온전한 가정만 이루어지면 나라도 세계도 평화롭고 행복해질 것이다. 그래서 하나님은 남자와 여자를 만들어 가정을 이루라고 하신다. 가정은 하나님이 만들어준 유일한 공동체로 하나님은 개인에 대한 축복이 아니라 가정을 통해 축복을 내려주신다는 것을 잊지 말아야 한다.

우리 말에 복은 한 가정에 들어온다는 말이 있다. 가정 안에 자기 이름 드러내며 세력 싸움을 하지만 아내가 잘나가면 남편이 부실할 수밖에 없다. 또한 부모가 잘나간다면 자식에게 남겨질 게 없단다. 그래서 가정은 양보하는 주체가 우선이다. 그 양보가 다른 가족 구성원에게 복으로 작용한다는 것이다. 비록 능력과 개성시대라지만 시대를 불문하고 한 알의 밀알 역할은 여자인 엄마에게 준 능력이다. 저마다 능력을 부르짖 지만, 오히려 이런 시대이기에 가족을 위해 자신이 가진 능력을 양보하 는 것이 능력이 아닐까? 그렇게 양보한 한 알의 밀알이 싹터 뿌리를 내 리면 엄청난 크기의 나무로 자란다는 사실이다.

또한 부모와 자식 사이에도 넘지 말아야 할 선이 있다. 요즈음은 엄마 가 편 가르기를 주도한다. 대부분 남편에 대한 불만을 자식들에게 털어 놓으면서 분열을 주도한다. 하지만 부모의 갈등을 자식까지 가지 않도록 하는 것도 부모의 역할이다. 남편을 선택한 것도 본인이건만 어쩌자고 자식까지 끌어들여 분열을 조장하는지…

42

커리어우먼의 환상과 악몽

엘리자베스 멕케너는 『성공을 강요받는 여자들』에서 남자처럼 일해서 남자 못지않게 인정받고 고지에 도달했지만, 전혀 행복하지 않은 자신을 돌아보게 될 즈음 자신만 그런 문제를 겪는 것이 아니라는 사실을 알게 되었다고 밝힌다. 그래서 그녀는 당시의 현실을 다음과 같이 기록했다.

> "내가 그만두고 얼마 지나지 않아 〈포춘〉은 능력 있는 커리어우먼들의 불만에 관한 조사를 했는데 중역실로 통하는 길을 터놓았던 여성 시대가 이제 스스로 그 길에서 철수하고 있다는 흥미로운 결과가 나왔다. 〈양클로비치 파트너스〉는 35세에서 49세 사이의 여성 중역을 대상으로 설문 조사를 한 결과 응답자의 87%가 생활의 변화를 원한다고 했다. 응답자의 40%는 자신이 덫에 걸린 기분이라고 대답하고, 60%가 정신과 치료를 받고 있으며, 40세 이상은 46%가 항우울제를 먹고 있거나 먹는 동료를 알고 있다고 했다."

문제는 일에 대한 자신감을 상실한 것이 아니었다는 점이다. 응답자의 81%가 남자보다 일을 잘한다고 했고 승진에 대한 압박도 아니라고 했다. 응답 여성의 65~78%는 승진할 예정이라고 했다. 이 설문 조사는 자녀가 있는 여성이나 독신이나 같은 감정에 시달린다는 것을 보여준다. 달리 말하면 중년에 접어든 커리어우먼 대부분이 더는 일이 자신을 행복하게 해주지 않는다는 것을 깨달았음을 보여준다.

남자처럼 맹렬히 일해온 여자들이 마지막 고지를 앞둔 중년에 이런 갈등에 시달리는 이유는 무엇일까?

엘리자베스 맥케너에 따르면, 여성은 일에서 성공을 해도 자신에게 있어야 할 가정생활이 없다면 실패했다고 생각하고, 남자는 가정생활이 아무리 만족스러워도 일에서 성공하지 못하면 실패했다고 생각한단다. 여성들은 가정을 가지기 전에는 일의 만족도도 높고 성취력도 높지만 일단 가정을 가지면 둘 다 잘할 수 있다는 가치관이 무너진단다.

가정 때문에 일을 잘 못 하고 일 때문에 가정에 충실하지 못한 압박감에 시달리고, 또한, 결혼하지 못하면 인생의 완성을 하지 못했다는 자책에 시달리고, 자질이 안 되는 남자에게 기회가 돌아가는 상황에 직면하면 더 열심히 일해야겠다는 생각보다는 이런 식으로 일할 가치가 있는가 하는 의구심에 갈등하며….

더하여 남자와 달리 갱년기를 맞는 여성들은 급격한 신체적인 변화에 인간이 영원불멸하지 않다는 것을 느끼며 그동안 소외되었던 여성성에 대한 갈급함도 그러한 생각의 원인이 되고 있다. 사회학자이며 작가인 바바라 에덴리히는 커리어우먼 1세대의 변화에 대해 다음과 같은 의견을 제시한다.

"성공 가도를 달리던 여성 기업가들이 중년에 접어들었으나, 중년의 위기를 겪고 있다. 의미 있는 일과 균형 잡힌 인생은 인간의 뿌리 깊은 진정한 욕구이기도 하다. 다른 욕구처럼 이 욕구도 일시적으로 억제하거니 무시할 수 있지만, 결국 다시 고개를 든다."

심리학자 융은 『유럽의 여성』에서 다음과 같이 설명한다.

"여성의 특성은 인간에 대한 사랑으로 모든 것을 할 수 있고, 남성은 사물에 대한 사랑이 특성이다. 비록 사물에 대한 사랑으로 대단한 일을 수행하는 여자들도 있지만, 이것은 예외에 해당한다. 왜냐하면, 그것은 본성과 어울리지 않기 때문이다. 그러나 인간은 남성적인 것과 여성적인 것을 본성에 융합하고 있기 때문에 남성이 여성적인 것을, 여성이 남성적인 것을 체험할 수도 있다. 문제는 남성에게 여성적인 것, 여성에게 남성적인 것은 본래 뒷면에 있다는 것이다. 그래서 자기의 성과 반대되는 성을 앞면에 세워 살리게 되면 자기 고유의 성이 소홀해진다. 다시 말하면 무역, 정치, 기술, 학문 등 공적인 영역은 여성에게는 대개 의식의 그늘에 있는 것이다. 여성은 가정에 국한된 개인적인 관계의 의식성을 계속 발전시킨다."

『남자처럼 성공하고 여자처럼 승리하라』의 저자 게일 에반스는 모든 커리어우먼은 부모든 형제자매든 자녀든, 그들과의 관계적인 요소로 인해 일에 방해를 받게 된다고 한다. 그러면서 에반스는 이런 관계를 맺지 않고 혼자인 여성은 결코 만나본 적이 없다고 단정한다. 이처럼 업무 지향적인 여성으로 일에서 성공할 수 있다 해도 결국에는 관계 지향적인 여성 본성의 소리를 결코 무시하지 못한다. 그래서 업무 자체보다 이런 관계 요인으로 직장을 그만두거나, 시간을 변경하거나, 다른 곳으로 이주해야 하는 경우가 속출한다. 그래서 여성의 게임판은 아주 복잡하다고 한다.

그러나 분명한 것은 누가 무어라 해도 여자가 되라고 했다는 점이다. 드러나는 업적 위주보다는 따뜻한 관계에 우선순위를 두라고 한다. 누구도 남의 인생을 대신할 수는 없다. 자신의 본 모습대로 살면 어떤 게임판에서든 주도권을 쥐고 갈 수 있다.

6부

게임의 룰

하나님께서 여자에게 말씀하셨다.

'네가 너에게 임신하는 고통을 크게 더할 것이다. 그래서 너는 고통 중에 아이를 낳을 것이다. 너는 네 남편을 마음대로 지배하고 싶겠지만, 오히려 남편이 너를 지배할 것이다.'

이번에는 하나님이 아담을 향해 말씀하셨다.

'너는 네 아내 말을 듣고 내가 먹지 말라고 명한 그 나무 열매를 먹었으니, 이제 너로 인해 그 땅이 저주를 받을 것이다. 그래서 너는 평생토록 수고해야만 땅에서 나는 것을 먹을 수 있을 것이다. 땅에는 가시덤불과 엉겅퀴가 무성하게 자랄 것이다. 너는 밭에서만 나는 푸성귀만 먹고 살아야 할 것이다. 흙에서 나와 흙으로 돌아가는 그 날까지, 너는 이마에 땀을 흘려야 살아갈 곡식을 얻을 것이다. 너는 흙이니 흙으로 돌아가라.'

아담은 자기 아내에게 '하와'라는 이름을 지었다. 그녀가 '모든 생명의 어머니'이기 때문이다.

- 창세기 3장 16-19절

43
차별은 없으나 구별은 있다

최근 들어 양성평등을 주장하는 여자들의 대부분은 남자와 같은 대접을 해달라고 한다. 여자처럼 바라보는 시선도 싫단다. 선정적으로 옷을 입을 자유를 달란다. 남자의 시선이 여자들의 표현의 자유를 구속한다는 것이 이유다. 그러면서도 여자들은 외모 관리에 다른 어느 나라보다 큰 비용을 쓴다. 섹시하고 예쁘다는 소리를 듣기 위해 부단히 노력하는 것이다. 그래서 대부분의 여자는 자기를 연예인처럼 관리한다. 뉴스를 전달하는 아나운서나 검사나, 주부나, 미혼의 여성이나 모두 같은 잣대로 자신을 드러내려 하는 것이다. 여자로 보지 말고 능력으로만 인정해 달라면서 여자처럼 꾸미는 이율배반적인 주장이 참으로 묘하다.

우리말에 '답게'라는 말이 있다. '여자답게'는 페미니스트들이 주장하는 성차별적인 발언이라고 하지만 '답게'는 차별이 아니라 구별성 용어다.

아나운서는 당연히 '아나운서답게' 뉴스를 전달해야 한다. 그런데 자칫 연예인과 같은 외모를 한다면 정보 전달의 기능이 약화될 수 있다. CNN 앵커 출신인 게일 에반스는 텔레비전에 출연할 때는 쨍그랑대는 팔찌와 달랑대는 귀고리 등 시선을 분산시키는 것은 모두 피해야 한다고 말한다. 그런 액세서리는 상대방의 시선을 흩트리고 싶을 때만 필요하다고 한다. 상대의 시선을 흩트리는 것은 상대 탓이기보다 내 탓일 경우가 많다. 검사는 사회 정의를 구현하기 위해 고군분투하는 직업이다.

행여나 여자처럼 보인다고 하면 절대 칭찬이 아니다. 더하여 여자로 봐달라는 암묵적 표현이라고 동료 남자들이 오해할 수도 있다.

이제 우리나라에서도 다양한 직업의 여성들이 남성과 동등하게 자신의 역할을 해내고 있지만 게일 에반스는 전략에 맞는 옷을 입으라고 한다. 남자는 양복이라는 복장에서 크게 벗어나지 않는다. 그래서 남성들을 평가할 때는 의상은 전혀 관계하지 않고 성품이나 태도 혹은 이력서에만 관심을 쏟는다고 한다. 그저 남자들에게 넥타이만 바꿀 뿐이라는 농담을 건넨다고 한다.

하지만 여성의 경우에는 옷차림이 많은 것을 대변해 준다고 한다. 차림새는 곧 여자를 평가하는 잣대로 작용하기 때문이다. 여자이기 때문에 차별적인 것이 아니라 사회적 역할에 적합한 의상 선택이나 외모 관리가 필수라고 한다. 옷차림이 기본적으로 전달하는 메시지는 '내가 그 일에 적합한 인물'임을 강조하는 것이다. 여자로서의 내가 아니라 그 일에 적합한 내가 되어야 하는데 에로배우처럼 성적인 매력을 부각하려는 경향이 있다. 게일 에반스의 지인 중에 금융계에서 일하는 유능한 여인이 있는데 능력만큼 승진하지 못했다. 그녀가 지나치게 몸에 꽉 붙는 옷을 입고 외모를 드러내는 것에 오히려 남자들이 불만을 털어놓는다고 한다. 그녀와 업무상 저녁 식사도 할 수 없다고. 자기 부인이 오해할지 모른다며… 남자의 이중성이다.

언젠가 여성단체가 노출된 옷을 입을 자유를 외치며 거리를 행진하는 것을 보았다. 스스로 '잡년들의 모임'이라는 이름을 내세우며. 여자들이 자기가 입고 싶은 옷을 마음대로 입는 세상으로 만들어 달라지만 그런 세상은 없다. 영성 정신 의학자 폴투르니에는 "남성은 여성을 '성적으로 훔쳐보는 자들(voyeur)'"이라고 단정적으로 말한다. 남성은 여성을 인격으로 보지 않고 단지 사물로 받아들인다. 그런데 여자들은 그런 사물화된 남성의 시각에 순응하면서 한편으로는 여자를 눈요기 대상으로 바라보는 남자의 속물근성을 국가가 법적으로 막아달라고 하니….

결국, 그건 창조주에게 따져야 한다. 국가가 무슨 수로 남자의 속성을 바꿀 수 있겠는가? 그렇지 못한다면 여자가 스스로 자기를 지켜나가는 수밖에 없다. 최근 들어 성추행, 성폭행이 만연하는 데는 무엇보다 남자가 문제이지만 조심성 없는 여성에게도 일말의 책임이 있다. 그래서 전통적으로 대한민국 어머니들은 딸들이 집 밖을 나서는 그 순간부터 감시하고 잔소리를 했다. '치마가 짧다', '가슴이 훤히 드러난다', '당장 옷 바꾸어 입고 나가라' 등등. 또한 다음과 같은 잔소리도 이어진다. '세상에 믿을 남자 없다', '몸가짐, 행동 조심해라', '그러다 잘못되면 이 어미 혀 깨물고 죽는다' 등등.

여자는 남자에 비해 신체적인 조건이 아주 불리하다. 아무리 여자가 강하다고 하지만 힘으로는 남자를 제압할 수 없다. 칼 융에 따르면 남자는 여자가 예쁠 경우라면 아주 어린애 같은 애절함이 있다고 한다. 그래서 남자는 그런 감정으로 마치 인자한 아버지같이 여자를 대한다고 한다. 그러나 여자가 남자에게 경쟁심을 갖게 하거나 절망감을 주면 아버지 같은 배려는 사라지고 맹수처럼 공격하는 자세로 돌변하여 독을 뿜는다고 한다.

결국 여자가 남자를 자극하지 않는 수위 조절을 스스로 해 나가야 하건만.

44
꽃보다 할배

최근에 농촌에 살고 있는 노부부의 일상을 공개하는 프로그램이 많아졌다. 대부분 할아버지가 열심히 일을 하는 경우가 많지만, 간혹 할머니가 개미처럼 열심히 하기도 한다. 그런데 할머니는 할아버지가 자신을 도와주지 않는다고 불평한다. 할머니는 이른 아침부터 밭에 나가 일을 하다가 밥때가 되면 집으로 와서 빈둥거리며 놀고 있는 할아버지 밥상을 차려준다. 그러면서 반찬 투정을 하는 할아버지가 밉다면서 맛난 것을 먹이려는 정성이 역력하다.

그 모습을 촬영하던 피디가 할머니에게 짓궂게 묻는다. 밉다면서 왜 그렇게 할아버지를 챙기냐고 물으면 할머니는 웃고 만다. 그리고 할아버지에게도 묻는다. 왜 할머니는 도와주지 않느냐며. 그러면 할아버지가 대답한다. 저 좋아서 하는 것을 난들 어떻게 해? 하며. 언뜻 보아도 할머니가 그토록 열심히 일을 하지 않아도 되는 형편 같은데….

이처럼 농촌에서 늦은 나이까지 해로하는 노부부를 보면 할머니는 개미처럼 허리가 휘노록 밭일노 하고 십안일로 바삐 움식이는데 할아버지는 베짱이처럼 자신의 흥을 돋우는 것만 하며 놀고 있다. 할머니는 그 모습을 보며 혀를 찬다. 나는 저렇게 살라고 해도 못 산다며…. 부부간에 이런 현상이 벌어지는 것은 아마도 남자와 여자의 타고난 특성이 반영된 것은 아닐지.

여자는 개미 기질이 있어서 작은 일에 근심 염려가 많아 부지런히 몸을 놀리면서 게으름을 피우는 남편에게 잔소리한다. 그러나 남자는 가정을 부양할 목적의식이 없으면 열심히 일하지 않으려는 배짱이 기질이 있는 것 같다. 그래서 당장 먹을 것이 떨어져도 대처하기보다는 엉뚱한 공상을 한다. 옛날 영화나 드라마를 보면 식구들이 먹을 식량이 떨어졌는데도 아버지는 방구석에 처박혀 큰소리를 친다. 조금만 기다리면 대박이 기다린다며…. 결국 참다못한 엄마가 젖먹이는 업고 광주리를 이고 걸을 정도 자식의 손을 부여잡고 장사를 나선다. 이처럼 가정사가 절박한 상황에 빠지면 남편보다 아내가 먼저 돈을 벌러 나간다는 사실이다. 다시 말하면 남자가 게으름을 떨 때 아내가 참고 기다리기보다는 먼저 치고 나간다. 여자는 하기 싫어도 불안 심리에 반응하는 특성이 있고 남자는 하고 싶은 것만 하려는 특성이 있기 때문이다. 또한 아내가 나가면 따라 나서는 것이 아니라 옳다구나 하고 노는 기질도 있다.

현재도 이런 일은 계속 진행되고 있다. 엘리자베스 맥케너는 '성공을 강요받은 여자'에서 다음과 같은 글을 쓴다. '내가 조사한 여성 중에 55퍼센트가 가정 수입원의 50퍼센트 이상을 책임졌다. 나라마다 경우가 다르겠지만 대부분의 나라에서 구조조정으로 증가하는 실직률은 대부분 남성을 의미한다. 결국 남성이 실직하면 여성이 낮은 급여를 받더라고 일을 하게 된다. 이렇다 보니 여성은 가족의 유일한 부양자가 되고 돈에 점점 더 매이고, 삶은 고단해진다. 여성은 이런 상황에 부닥치면서 덫에 걸린 느낌이지만 대개는 별다른 선택권이 없다.'

흔히 빈둥대며 놀고 있는 백수를 보면 사람이 어떻게 저렇게 놀 수 있느냐고 하지만 백수가 되는 것이 어려워서 그렇지 일단 되고 나면 그처럼 편안하고 좋은 것이 없다고 한다. 무엇이든 익숙해지면 인간은 바로 안주하는 특성이 있다. 더하여 인간의 육체는 게으르기를 좋아한다. 정신이 긴장되어 육체를 다스리지 않으면 육체는 마냥 늘어져 더 놀자 더 쉬자 더 자자면서….

그래서 창조주 하나님은 아담이 금하는 열매를 따 먹은 죄의 결과로 없던 게으름의 습성이 발생하자 명령하신다. 너는 일평생 수고해야 땅에서 나는 것을 먹어야 한다고. 그러나 땅도 저주받아 가시덤불과 엉겅퀴를 내어 방해를 하니 땀 흘려 일을 하라고. 그리고 아내인 이브에게 너는 네 남편을 지배하려 하나 오히려 남편이 너를 지배할 것이라고 하신다.

이런 창조 질서를 유추해 보면 아내는 세상에 나가 간 쓸개 다 빼고 가족을 위해 돈을 벌어오는 남편을 주께 하듯 하면 된다. 그러면 남편은 죽을 각오로 나서서 일을 한다. 결국 남자는 그런 과정을 통해서 성장 발전한다. 자기 어깨에 매달린 식솔에 대한 책임감을 지고 피땀 흘리게 일을 하게 해서 남성성을 키우는 것이다. 그리고 여자는 호시탐탐 그 짐으로 벗어나려는 남자가 결혼이라는 우리 안으로 들어오면 오로지 참고 기다리는 훈련으로 가족을 태우고 힘차게 달리는 멋진 말로 만들어 간간이 채찍만 휘두르면 되는데. 어쩌자고 세상이 바뀌었다면서 남자에게 지적하고 이 일 저 일 다 빼앗고 나서 종국에는 모든 짐을 진 나귀가 되어 헉헉대는지. 그리고 팔자타령 하는 여자가 점점 더 늘지만 그것이 더 멋진 인생이라고도 하니.

45
자기애로 남자를 사랑하는 여자

　방송 프로그램마다 신변잡기 토크 프로가 봇물 터지듯 쏟아져 나온다. 특히 인생 좀 살아봤다는 중년 남녀가 섞여서 상대가 문제가 있다며 자기 주장을 펼친다. 사실 어떤 사실에 입각한 의견이라기보다는 대부분 개인적인 정서나 감정이 개입된 사건을 들추며 상대를 공격한다. 특히 여자들은 전통적인 가부장적인 남자의 행태를 향해 집중 공격을 해댄다. 그럴수록 여자들은 동조하며 남자를 향한 공세를 높여간다.

　그런데 어떤 개그맨이 집에서 손끝 하나 까딱하지 않고 전형적이 가부장적인 생활을 한다고 하자 여자들은 일제히 그 남자를 공격했다. 물론 여자들이 그런 행태를 비난하는 것까지 이해한다지만 그의 곁에 있던 또 다른 남자까지 그에게 부끄러운 줄 알라고 호통을 쳤다. 대한민국에서는 남편이 아내에게 대접받는 것이 남녀를 불문하고 야단을 맞아야 하는 지경에 이른 것이다.

　중국 남자는 일도 하고 집안 살림도 하는 전통이 있지만 살림을 도맡아 하며 남편을 존대하는 전통적인 한국인 아내를 만나는 것을 가장 행복으로 생각한단다. 또한, 서구의 남자들이 한국 여자에게 관심을 갖는 것도 같은 이유란다. 결국, 남자는 이 험난한 세상에서 아내에게만큼은 존대를 받고 싶은 것이 꿈이다.

　하지만 이처럼 시대가 변했다는 논리로 혹은 내가 그렇게 못 산다고 해서 그렇게 사는 사람에게 시대에 뒤떨어졌다고 하거나 고치라고 호통을 치

게임의 룰

는 모습을 어떻게 이해해야 할지? 이것은 틀린 것이 아니라 다른 것일 뿐이다. 또한, 인류가 역사 이래로 교육 평등 시대로 스스로의 문제를 선택할 수 있는 지적 능력을 갖추었으니 각자 선택하는 시대다. 그래서 20세기는 남이 좋아하는 내가 되는 것이지만 21세기는 내가 좋아하는 내가 되는 것이라고 했다. 자칫 입담이 좋다는 중·노년의 남녀가 둘러앉아 이분법적 자기 사고를 일방적으로 주장하면 살아갈 날이 많이 남아있는 후손에게 시대에 뒤떨어진 이분법적 사고관을 심어 줄 위험이 있다.

모든 패널이 집에서 물 한 잔도 스스로 떠먹지 않는 개그맨을 향해 일제히 비난한다지만 그것은 아내가 그렇게 해서 행복하기 때문이다. 이유는 여자인 아내는 남편 자체보다 자기애로 남편을 사랑하는 것이다. 다시 말하면 남자를 존경하는 것이 곧 자신이 존경을 받는 것이다. 아내가 진심으로 남편에게 바라는 것은 타인에게 존경받는 것이다. 그런데 아내가 남편을 존대해야 다른 사람도 남편을 존대한다. 또한, 아내는 세상의 어떤 것보다 그런 남편에게 사랑을 받는 것에 심리적인 안정감을 얻는다고 했다.

심리학자 칼 융은 『유럽 여성』에서 다음과 같은 말을 한다.

"여자의 특징은 인간에 대한 사랑으로 모든 것을 할 수 있다는 사실이다. 그것은 오랜 진리가 아닌가? 여성이 강한 자의 약점을 그 강함보다 더 사랑하고, 영리한 자의 어리석음을 그의 영리함보다 더 사랑한다는 것을? 그런데 여성의 사랑은 그것을 원한다. 다시 말하면 남자의 암시적인 어리숙한 감정까지 포함하여 감싼다. 그래서 여자의 사랑은 단순히 감정놀음이 아니라 삶의 의지이며 끔찍할 정도로 비감상적이며 심지어 여자는 자신에게 스스로 자기희생을 강요할 수 있다는 것이다. 감상은 남자에게만 있다."

이 글을 읽으면 여자는 자신을 희생하면서 자신의 사랑을 지킬 만큼 독하다는 것이다. 오늘날처럼 남자를 향해 사랑을 달라고 구걸하며 그런 남자로 변화하라고 하지만 진정 여자의 사랑을 모르는 여자들의 행태다. 아무리 세상이 바뀌었다지만 남자가 아니고서 남자의 심리를 모르며 여자가 아니고서 여자의 심리를 모른다고 융도 말하지 않던가? 오늘날 대다수 남녀는 자신의 본질을 찾는 것보다는 상대를 바꾸는 것에 주력한다. 특히 남자보다는 여자가 정도가 심하다.

그러다 보니 남자가 변해야 여자가 행복하다는 강의가 줄을 잇는다. 이런 강의는 대부분 남자 강사다. 입담이 좋은 여자들이 공개적으로 모여서 제멋대로 남자를 공격하고, 나름 입담이 좋다는 남자 강사가 하는 소리를 듣겠다고 몰려든다.

칼 융은 여자는 남자보다 영적인 능력이 발달했다고 한다. 그래서 남자가 보지 못하는 것을 보는 예지력으로 남자를 바른길로 이끌 수 있다고 한다. 이는 성경에서 그 유래를 찾아볼 수 있다. 창세기에 뱀의 꼬임에 넘어가 남자를 죄 속에 빠뜨리는 여자와 남자를 생명으로 이끄는 하나님의 소리를 듣는 여자로 나뉜다. 미디어의 발달로 세상에는 온갖 소리가 들려오지만, 하나님은 좁은 길로 가라고 한다. 인기 있는 사람들이 광장에 서서 내 소리를 들으라고 소리치는 사람의 소리를 듣지 말라고 하지 않던가? 영혼까지 빼앗겨 털린다고. 오로지 여자는 위에 계신 하나님으로부터 위로를 받고, 그 힘을 받아 남자를 위로해 주라고 하고, 남자는 자기만 아는 이기적인 존재이기에 누군가를 위로하지 못한다고 한다. 이유는 앞서 말했던 것처럼 하나님께서 아주 멋지게 만든 아담을 사탄의 말을 듣고 여자가 망가뜨려 놓았기 때문이다.

살 중의 살이요 뼈 중의 뼈라며 제 몸처럼 사랑했던 여자의 말을 듣고 하나님이 금한 사과를 따 먹은 아담은 이후로 하나님 말을 듣는 귀가 닫혀 분별력을 상실하고 오로지 여자 말만 듣게 되어 있다. 그러나 뱀을 가장한 사탄의 말을 듣고 남편을 망가뜨린 여자와 하나님의 말을 듣고 남편을 생명으로 이끄는 여자가 있다 하지 않는가?

코로나 이후로 세상이 점점 혼돈 속으로 빠져든단다. 세상에 위기가 오면 여자가 먼저 하나님을 향해 기도를 시작한단다. 세상을 바르게 이끄는 남자가 필요하다고.

성경에는 이런 말이 있다. 집과 재산은 부모에게 물려받지만 슬기로운 아내는 하나님께 받는다. 슬기로운 여자는 집안을 일으키지만 어리석은 여자는 자기 손으로 집안을 허문단다.

46
하나님의 권한을 위임받은 아담

하나님께서는 흙으로 온갖 짐승을 빚으신 뒤 그것들을 아담에게 이름을 짓게 하였다. 아담은 하나님이 시키시는 대로 온갖 살아있는 것들의 이름을 지어 불러주면 그 이름이 그대로 이름이 되었다. 지금 지구상에 살아 있는 것들의 이름은 아담이 지은 거란다. 그래서 아담의 뜻은 이름 짓는 자라고 한다.

우리는 성경에서 이 문구를 그저 하나의 사건으로 가볍게 지나가지만 사실 엄청난 뜻을 내포한다. 내가 공들여 만든 작품의 이름을 누군가에게 맡긴다는 것은 그만큼 그에 대한 기대치가 높기 때문이다. 또한 권한을 위임받아 작품의 이름을 짓는 자는 당연히 작품을 완성한 작가의 의도를 정확히 알고 지어야 권한을 준 자를 실망하게 하지 않을 것이다. 결국 이런 관계란 서로를 누구보다 잘 알고 서로에 대한 신뢰가 깊지 않고는 이런 관계가 형성되지 않는다.

하나님과 아담은 그런 관계였다. 하나님은 아름다운 세상을 무에서 창조하시면서 당신이 만든 모든 작품에 이름을 짓게 할 만큼 아담을 능력 있게 만드셨다. 창조 마지막 날에 당신의 형상대로 사람을 만든 후 '후' 하고 당신의 영혼도 불어넣어 주셨다. 그래서 영이신 하나님과 소통하는 능력도 주신 것이다. 그래서 아담도 하나님의 의도를 충분히 알고 이름을 멋지게 지었을 것이다. 그래서 하나님은 아담이 붙인 이름을 흡족해하며 그대로 인정해 주셨다. 최초의 아담과 하나님은 이처럼 서로를 알고 소통하였으니, 아담은 하나님의 창조성을 그대로 물려받은 것이다.

현재 문명이 이토록 발달하는 것은 바로 인간의 창조력 때문이다. 하나님은 인간에게 생육하고 번성하라고 하셨다. 이유는 인간에게 그런 창의력을 부여하셨기 때문이다. 그래서 세상은 이처럼 꾸준히 발달하고 발전하는 것이다. 그런데 중요한 것은 이런 창의력을 남자에게만 부여했다는 사실이다. 물론 이 사실에 페미니스트들은 반발할 것이다. 일부 과격 페미니스트들은 노골적으로 하나님을 비난한다. 남성주의의 불공평한 하나님이시라고….

그러나 게임의 규칙은 심판이 정하는 것이지 선수가 정하는 것이 아니다. 심판자는 누구보다 탁월한 능력을 발휘하며 게임판을 독점하는 선수보다는 심판이 정한 규칙을 잘 지키며 주어진 역할에 최선을 다하는 선수에게 높은 점수를 줄 것이다. 흔히 팀을 이루어서 하는 게임을 보면 모두 위치가 정해져 있다. 물론 골프처럼 혼자 하는 게임에도 룰이 정해져 있다. 사실 인생은 게임판과 똑같다. 하나님은 각자 역할을 생각하며 피조물을 만들었다. 때론 인생은 연극 무대라는 생각도 한다. 연출자이신 하나님의 생각을 정확히 알고 맡은 배역을 하는 배우가 최고의 배우다. 자기가 맡은 배역의 불평이나 하면서 연출자에게 불공정하다고 불평한다면 작품에 큰 손상이 올 것이다.

20세기 전후로 페미니스트들은 세상이 변했다며 낡은 틀을 깨고 여자들은 하나님께 불공정하다며 남자와 같게 해달라고 했지만, 남자와 여자는 절대로 같지 않다. 창조 과정에서 이미 남자와 여자는 분명 달리 만들어졌다. 흔히 말하는 남자는 흙으로 빚어졌고, 여자는 남자의 갈비뼈로 만들어졌다. 물론 남자와 여자의 유전자도 다르다. 남자는 XY, 여자는 XX다.

　그러나 이름을 짓고 다스리는 권한을 남자인 아담에게 주었다지만 여자에게는 생명권을 주었다. 어떤 문명의 발달도 생명이 없으면 소용이 없다. 결국 번성의 책임은 남자에게 있고, 위기에서 살아나는 생명권은 여자에게 있다. 다시 말하면 남자는 무언가를 만드는 것에 재능이 있고 여자는 그것들에게 생명을 불어넣는 능력이 있다는 것이다. 칼 구스타프 융은 남녀의 역할을 정확하게 나눈다. 남자는 사물에 대한 사랑으로 모든 것을 하고 여자는 인간에 대한 사랑으로 모든 것을 한다고 한다. 또한 여자의 창조력은 남자가 창조적인 일을 하도록 하는 것이라고 한다. 칼 융은 그러기 위해서는 남자는 남자로 살고, 여자는 여자로 살아야 한다고 한다.

　그래서 인간은 자기가 가진 재능을 발휘하고 사는 것이 가장 행복하다고 한다. 흔히 현대인은 스스로 과신하면서 약한 것을 강하게 하려 하지만 약한 것은 보완 수준이고, 강한 것은 계속 발달시켜야 한다고 한다. 그럼에도 현대에 들어 인간은 자신의 것이 아닌 것에 도전하면서 좌절하고, 심리적인 불안을 더 느낀다고 한다. 그래서 대부분 신경증을 앓고 있는 이유라고 한다.

47

옛날 옛적에 에덴동산에서

옛날 옛적에 하나님이 세상을 만들고 생명체를 순서대로 창조하시고 마지막 날에 마지막 역작인 인간을 가장 완벽하게 창조하였다. 흙으로 존귀하신 하나님의 형상대로 만들고, 코에 '후' 하고 영을 불어 넣어 하나님과 소통하도록 만들었다. 완벽한 신체, 건전한 정신, 그리고 하나님의 뜻을 가장 잘 이해하는 영적인 능력까지 갖춘 아담에게 하나님은 세상을 다스리는 권한을 주고 당신이 만든 모든 창조물의 이름까지 짓게 했다니. 또한 하나님은 아담이 혼자 있는 것이 안쓰러워 자는 아담의 갈비뼈로 여자까지 만들어 주신다. 이때 아담은 그녀를 보며 너무 좋아 소리쳤다. 내 살 중의 살이요 뼈 중의 뼈라며. 그러자 하나님은 둘이 한 몸을 이루고 행복하게 살라고 하셨다.

아담의 갈비뼈로 만들어진 여자는 자신이 원하는 것은 무엇이든 해주는 능력 있는 남편과 살다 보니 조종하고 싶은 마음도 있었던 모양이다. 결국 여자가 뱀의 꼬임에 넘어가 남편에게 하나님이 금하는 금단의 열매를 먹게 하고 만다. 그 결과 청정 지역에 죄가 들어온 것이다. 그래서 아담은 땀 흘려 일을 해야 하고 여자는 고통 속에 자식을 낳으라는 벌칙을 받는다고 해석을 한다. 이 이야기는 기독교인이 아니더라도 마치 동화처럼 알려졌다.

그러나 그런 해석보다는 당시를 상상해 본다면 죄로 인해 아담은 순식

간에 망가진다. 이유는 아담이 그동안 하나님과 소통하며 하나님의 뜻을 절대 거스르지 않고 공의와 정의를 지키며 세상을 다스리던 왕자에서 비스트가 된 것이다. 모든 것을 완벽하게 갖춘 멋진 남자에서 비스트로 변한 아담이 제일 먼저 여자를 공격했을 것이다. 너 때문에 내 인생이 망가졌다고. 아마 이때 하나님이 개입하지 않았으면 분명 여자는 분노한 아담에게 죽임을 당할지도 모를 지경이었을 것이다. 한 몸처럼 살던 둘은 이후로 비스트로 변한 아담과 뱀의 유혹도 알게 된 여자가 서로의 주도권을 쥐기 위해 치열한 싸움을 하지 않았을까?

그래서 하나님은 결국 둘 다 죽을 것을 염려하여 비스트로 변한 아담에게 가족을 위해 땀 흘려 일하고 아내는 고통 중에 자식을 낳으라는⋯. 그래도 둘은 서로의 약점을 가지고 헐뜯고 죽기까지 싸울 것을 염려하여 하나님은 여자에게 살길을 알려준다. 남편의 자식을 잉태하여 생명을 이으라고. 그것만이 남편으로부터 너를 지켜줄 수 있는 생명줄이라고⋯. 이때 아담은 여자의 이름을 하와라는 이름으로 바꾸어 준다. 하와는 '생명을 잇는다'라는 뜻이다.

이렇게 해서 아담과 하와는 태어난 모양이 아닌 전혀 다른 모습으로 에덴동산에서 세상으로 쫓겨나온다. 그래서 인간에게 두 마음이 있다고 한다. 에덴을 사모하는 마음과 세상을 정복하고 싶은 마음. 심리학자 칼 융은 인간의 집단 무의식에 이런 의식이 담겨 있다고 한다. 그리고 집단 무의식 가장 깊은 이면에 에덴에서 있었던 원형의 상태가 보존되어 있는데 이것을 '자기(나, Ich, Ego)'라고 표현한다. 이것이 진정 자신의 본모습이라고 한다. 그리고 우리가 흔히 겉으로 드러나는 것은 '자아'라고 한다. 융은 이것을 '페르소나(가면)'라는 표현을 쓴다. 인간은 사는 동안 수많은 가면을 썼다 벗기를 반복하면서 자아 발전을 이어간다고 한다. 그러나 이것은 진짜 자기가 아니라고 한다. 오히려 이런 자아가 발달하면 할수록 내 안에 '자기'와 멀어진다고 한다. 그래서 융은 인생은 '자기'를 발전시키는 것이 아니라 '자아'를 찾아가는 과정이라고 한다. 그래야 온 곳으로 돌아간다고 하지 않던가?

결국 인간이 태어나는 순간부터 내 안에 '자기'와 세상을 살면서 형성되는 '자아'와 갈등한다. '자기'는 옛날 옛적에 에덴에서 아담은 모든 것이 완벽한 남성성을 가졌고, 그런 남자로부터 오로지 절대 사랑을 대접받았던 여자는 남자에게 완벽을 기대하는 여성성을 가졌다고 한다. 남자와 여자는 세상에 태어나면서 이것을 각각 품고 나온다고 한다. 그러나 이런 의식은 무의식 깊은 곳에 숨겨져 있어 쉽게 발현이 되지를 않는다고 한다. 비록 아담과 여자는 창조 당시 서로를 신뢰하고 절대 사랑하게 만들어졌지만, 그 모든 것을 잃고 에덴을 쫓겨 나와 이후로 상대를 믿지 못하고 피 터지는 경쟁을 하며 '자아'를 발전시킨다지만 한편으로는 몸 안에 심어진 본래의 모습인 '자기'에 대한 향수를 잊지 못한다는 것이다.

그래서 하나님의 형상을 닮아 존귀하게 만들어진 남자와 여자가 한 몸을 이루어 살도록 한 인류 최초의 공동체 부부가 이토록 처절하게 갈등하는 이유가 아닐지. 세상을 살면서 관계에서 심리적 갈등을 겪는 것도 결국 '자기'와 '자아'의 갈등이다. 그러나 '자기'는 상대를 원래의 모습으로 대접해 주는 것이고, '자아'는 상대가 가진 것을 빼앗는 것이리라. 결국 인간이 어떤 세상을 살던 에덴동산에서 살지, 아니면 죄가 만연한 세상에서 살지는 각자의 선택이다. 분명한 것은 세상을 떠날 때 세상에서 쌓은 '자아'는 두고 '자기'만 가지고 간다고 하건만.

세상은 점점 더 가치관의 혼돈 속으로 빠져들고 있다. 현재 상태로는 아버지라는 이름을 결코 남자가 되찾지 못한다. 생명권을 가진 여자인 아내가 찾아 주어야 한다.

하나님은 그 방법을 알려 주신다.

'남편을 네 마음대로 조종하지 말고, 남편의 권위를 인정하고 주께 하듯 해라.'

여자는 소리친다.

'한 이불 덮고 살다보니 존경할 구석이 일도 없다.'

하나님께서 말씀하신다.

'무엇이든 완벽하게 해 주는 남편은 누구든 주께 하듯 하는 것은 당연하지만 못난 남편 주께 하듯 하면 하나님이 여자인 네게 주실 상급이 크단다.'

결국 약해진 남성성을 회복하는 것은 남자 스스로 하는 것이 아니라 바로 여자가 해 주어야 한다. 이것을 여자의 남성성, 아니무스라고 칼 융은 말한다. 융은 여자의 무의식 깊은 곳에 강한 남성성인 아니무스가 있는데 이것은 여자가 남자처럼 되는 것이 아니라 남자를 공의와 정의를 실천하게 바꾸는 힘이라고 한다.

아버지, 그 이름이 사라졌다

펴낸날 2024년 6월 7일

지은이 신광옥
펴낸이 주계수 | **편집책임** 이슬기 | **꾸민이** 최송아

펴낸곳 밥북 | **출판등록** 제 2014-000085 호
주소 서울시 마포구 양화로 7길 47 상훈빌딩 2층
전화 02-6925-0370 | **팩스** 02-6925-0380
홈페이지 www.bobbook.co.kr | **이메일** bobbook@hanmail.net

© 신광옥, 2024.
ISBN 979-11-7223-017-3 (03190)